国会議員に読ませたい

「移民」と日本人

産經新聞出版

国会議員は優先順位を考えよ――序文に代えて

２０２４年10月に投開票された衆院議員選挙で与党は歴史的な大敗を喫し、野党も過半数に迫るような政党はありませんでした。

この行き場のない有権者の不満はどこにあるのでしょうか。新聞、テレビなどの大手メディアは「政治とカネ」の問題を引き続き最優先課題のように取り上げていますが、多くの日本国民の意識は別のところにあると思います。

国会議員が肝心なことを何一つしない。

「肝心なこと」とは私たちの普通の暮らしを守ることです。国会議員の最も大事な仕事とは経済と外交・防衛、つまり国民の生活と安全を守るための行動と、そのための法律をつくることではないでしょうか。これらは地方議員では限界があり、政府を動かす仕事は国会議員にしかできません。

今、この普通の生活が外的な要因で脅かされている地域が少しずつ広がっています。本書のテーマである「移民問題」です。中でも埼玉県川口市などに集住するトルコの少数民族クルド人の一部と地元住民との軋轢《あつれき》が表面化しています。入国管理行政そのものが関わってくる大きな問題だけに、こちらも地方自治体だけでは限界があります。

外国人との「共生」は決して簡単ではありません。言葉や宗教、文化、習慣が違うからです。この単純明快な理由があるにもかかわらず、わが国は「国際化」「多様性」を金科玉条のように打ち出し、共生を「強制」しています。その背後で、普通の暮らしが脅かされている国民がいます。それも「不法」な形で滞在中の人たちの行動によってです。

ところが、こうした問題について、大手メディアが報じることはほとんどありません。産経新聞に加え、一部ネット系メディアや個人のSNSだけが伝えているのです。

おそらく「ヘイトスピーチだ」「外国人差別だ」などの批判を受けるからでしょう。もちろん私たちにもそのような意図はまったくありませんし、川口市内などで「クルド人は出ていけ」などと街宣する団体にはむしろ嫌悪感を覚えます。

ただ、批判を恐れて、現実に起きている事実をなかったことにすることはできません。そうした傾向はいわゆる左派メディアに多く見られ、「かわいそうな難民をいじめる悪い日本人」というシナリオを作ってから初めて報道するのです。

では、「左派」ではないメディアも取り上げない理由は何でしょうか。おそらく経済的な側面を気にしているのだと思います。近年は「人手不足」解消のため、外国人労働者の受け入れを加速させるべきという意向が経済界から強く、外国人に「選ばれる国に」などと主張する新聞もあります。それならば、労働力を受け入れる前に、まずはトラブルを防ぐためのルール作りを徹底するほうが先ではないでしょうか。

かねて「外国人問題は票にならない」といわれ、組織票をあてにする国会議員にとって「移民問題」の負の部分に目を向けても、いいことは一つもないかもしれません。リベラル系の市民団体からも経済界からも喜ばれず、産経新聞以外の全マスコミが沈黙しているような火中の栗をあえて拾ってまで、票田を失いたくないのでしょう。言葉尻を捉えられて、「ヘイト」「問題発言」などとテレビのワイドショーに追い掛け回されることすらあり得るのですから。

労働力不足を背景に、安易ともいえる「移民推進」政策を進めた欧米は、国柄が変わるほどの治安悪化に苦しみ、ようやく移民政策の大転換を始めました。今、わが国はその失敗から学ぼうという機運すらなく、むしろ欧米が歩んだ道をひたすら突き進んでいます。

このまま「共生の強制」が続けば、逆に、普通の暮らしを望んでいるだけの人たちの心の中に、ルールを守らない外国人に対する憎悪のようなものを生み出す恐れすらあります。その不満がいつか爆発し、社会の分断を増幅させるかもしれません。それこそが最も危惧すべき事態ではないでしょうか。

わが国には700人を超えるほどの数の国会議員がいます。一部政党を除き、この問題に真剣に取り組んでいる議員はほとんどいません。過去最高の9人が立候補した24年9月の自民党総裁選でもまったくと言っていいほど争点になりませんでした。

彼らは世界の趨勢《すうせい》が耳に入っていないのでしょうか。知っていて、あえて聞こえないふりをしているのでしょうか。「再エネ」も、「環境問題」も、「LGBT」も、「選択的夫婦別姓」も、取り組んでいる議員にしてみれば大事な問題かもしれません。ただ、物事には優先順位というものがあります。

国会議員の皆さんの冷静な判断と行動、ほんの少しの勇気に期待したいと思います。

産經新聞
7|31[月]
クルド人殺到 おびえる市民
「移民」と日本人
埼玉・川口
病院に100人 救急5時間半ストップ
処理水放出 中国が「偽情報」
拡散防止へ日米韓連携
来月 首脳会談で議題か
マイナ保険証「申立書」
来月から 記入で10割負担回避

川口クルド人問題を大手メディアで初めて報じた2023年７月31日付「産経新聞」１面トップの紙面

国会議員に読ませたい「移民」と日本人

◆目次

第1章　メディアが報じないクルド人

第2章　川口で何が起きているのか

第3章　難民ビザ、仮放免、強制送還

第4章　絶対に「移民」と言ってはいけない国

第5章　人生を丸ごと引き受ける覚悟はあるか

第6章　クルド人が川口を目指す本当の理由

本書は２０２３年7月から24年12月までの約1年半にわたり、「『移民』と日本人」シリーズとして産経新聞と産経ニュースに掲載された約１１０本の記事を大幅に加筆修正、再構成したものです。収録に当たっては、データなどはできるかぎり最新のものに改めました。

第1章

メディアが報じないクルド人

テレビや新聞は川口市民の人権は無視ですか?

シルエットの女性が訴えかける画像がＳＮＳ（交流サイト）で拡散されていた。

「私たちの存在を、消さないで。」

作成したのは、トルコの少数民族クルド人と地域住民の軋轢が表面化している埼玉県川口市に住む30代の女性だ。

「一部外国人の犯罪や迷惑行為は目に余るのに、テレビや新聞でほとんど報道されない。まるで自分たち地域住民は存在しないかのように感じる」。女性は「ヘイトスピーチだ」などと批判されることを極度に恐れつつ、勇気を振り絞ってこの画像を作成したという。

東京のベッドタウンである川口市は、人口約60万人のうち外国人住民数が約４万３千人（２０２４年１月時点）と人口の７・２％を占める（全国平均は２・７％）。20年には東京都新宿区を抜いて全国で最も外国人住民の多い自治体になった。その後は新宿、江戸川両区に次ぎ３番目だが、東京23区を除く市町村では全国最多だ。

トルコ国籍者も国内最多の約2千人が住んでおり、その大半がクルド人とみられているが、内訳や実態は行政も把握しきれていない。クルド人の多くは祖国での差別や迫害などを理由に日本で難民認定申請している。ただ、認定された人はほとんどおらず、出入国在留管理庁（入管庁）の施設への収容を一時的に解かれた「仮放免」中の立場であることも少なくない。事実上、不法滞在の状態で住民票や在留カードなどもない。

また、一方で「特定活動」という在留資格が認められている人も多い。特定活動は、法務大臣が個々に認める資格で、一般的には大使館の使用人やワーキングホリデーなど特別な職種に最長5年与えられるが、難民申請中の就労確保にも暫定的に適用される場合がある。行政や国民が実態を把握しにくい背景には、そうしたわが国の複雑でわかりにくい運用もある。

川口市内の女性が作成した「ネイティブ・ライブズ・マター（地域住民の命は大切）」と訴える画像

女性が作成した画像は、「ネイティブ・ライブズ・マター（地域住民の命は大切）」と書かれ、《差別やヘイトは絶対ダメ！　でも犯罪や迷惑行為に苦しんでいる市民の声や市民の人権は無視ですか？》とのメッセージが添えられている。米国で黒人差別解消を訴える「ブラック・ライブズ・マター（黒人の命は大切）」運動にならったという。

川口市内では、住宅密集地での過積載トラックや改造車の暴走行為が問題化。女性の自宅近くには、彼らが従事する解体業の資材置き場があるといい、「中学生くらいの外国人が携帯をいじりながらトラックを運転していたり、改造車が昼間から走り回ったりすることもある。タイヤを急回転させて白煙が上がるのも何度か目撃した」という。

女性は「暴走行為や迷惑行為などで怖い思いをしても、テレビや新聞でほとんど報道されない。地域住民は存在しないかのように扱われていると感じていた。その思いを画像に込めました」。

女性には小さな子供がおり、通学路が心配で仕方ないという。ただ、この問題をSNSなどで発信すると、「ヘイトだ」などとすぐに批判される。女性の知り合いにも「反ヘイト団体」などからSNS上でののしられた人もおり、地元でも声を上げにくい雰囲気があるという。

デザインアプリで画像を作成、自身のＳＮＳに投稿したところ、多くの人が拡散した。ネット上には「川口にもとから住んでいる日本人に我慢を強いた上での外国人との共生に何の意味があるのでしょうか」などのコメントがある一方、「分断は不幸しか生みません」「差別の扇動はやめなさい」といった投稿もあり、拡散を続けている。

女性は言う。「政治家や行政もなかなか動いてくれない。ふつうに生活しているだけなのに、安心して暮らせない。ネット上では『引っ越せばいい』などと言われるが、ここは私たちの地元です。やむにやまれない気持ちを知ってほしい」

欧州でもくじけたペンのチカラ

この訴えを産経ニュースで紹介したところ、女性から「市民の抱える行き場のない怒り、悲しみに光を当てていただいた」とするメールがあらためて届いた。女性は一方で、「市民の意見を聞こうともしないメディア」に強く疑問を投げかけていた。

移民受け入れに対する報道をめぐっては、過去の欧州の経験でもその役割が問い直されてきた。現在も不法移民を含む移民の増加による社会の混乱は国家的な課題だ。その背景として、メディアが「ヘイト」「差別」と批判されることを恐れるあまり、必要な報道をしてこなかったとの指摘がある。

2017年に英国で出版され、ベストセラーになった『西洋の自死』（ダグラス・マレー著）によると、英国の世論調査で国民の過半数は移民の受け入れに否定的だったのに対し、メディアの多くは賛成の論調を張った。

その後、英国をはじめ欧州が大量の移民を受け入れるにつれ、移民による犯罪が頻発するようになったが、欧州のメディアは「人種差別主義者」と呼ばれるのを恐れて、そうした事実を極力覆い隠そうとしたという。

英国で04〜12年、パキスタン人らの集団が11〜15歳の少女らを性的に暴行し人身売買した事件では、国名や宗教名などはほとんど報じられず、「アジア系」とだけ伝えられた。

ドイツの都市ケルンで15年の大みそか、約1千人の外国人らが数百人の女性を集団で性的暴行し、金品を奪った事件は当初、大手メディアが報道せず、事件が明らかになったのは数日後のインターネットのブログを通じてだったという。

では、現在のわが国のクルド人をめぐる報道はどうか。その多くは、難民申請を繰り返す彼らが法的に不安定な立場に置かれているとして、同情的に扱っている。クルド人そのものの報道も少なく、取り上げられる際は、好意的な報じ方が一般的となっている。

24年2月26日の衆院予算委員会で、川口市が地元の議員が外国人の治安問題について、民族名の名指しを避けながら質問した際も、「ヘイトスピーチだ」などとするジャーナリストの談話を掲載した通信社の批判記事が配信された。一部抜粋して紹介する。

国会でクルド人危険視発言　維新高橋氏が摘発主張（24年2月27日　共同通信）

《日本維新の会の高橋英明衆院議員（比例北関東）が国会質疑で、埼玉県の在日クルド人コミュニティーを念頭に「ちょっとひどい状況だ」「早急に一斉取り締まりを」などと危険視する発言をしていたことが27日、分かった。「不確かな情報を基にした国会議員による外国人差別だ」と専門家も批判している。》

記事では、高橋氏が「市内の川に遺体が浮いていた事件があった」と外国人とは関係のないとみられる事件を持ち出したことを批判、高橋氏が「特に仮放免の方。しっかり管理していただきたい」と述べたことについても、《仮放免者を犯罪者と同一視するような発言もあった》と指摘した。岸田文雄首相（当時）の「共生は、あくまでルールを守っていく中で共に暮らすのが大前提だ」という答弁を紹介した後には、「発言をとがめなかった首相」にも言及し、次のように記事を結んでいる。

《問題に詳しいジャーナリストの安田浩一氏は「埼玉県南部を無法地帯だとする誤った印象を与え、管理を強化しようとする発言」と批判する。「一部の外国人が問題を起こしたとしても、民族全体を指して出て行けというのはヘイトスピーチだ。犯罪を許さないと言えばいいだけのはず。とがめなかった首相の人権感覚も問題だ」と話した。》

こうしたメディアの姿勢は、選挙結果に左右される政治家を萎縮させかねない。外国人を念頭に置いた発言などで揚げ足を取られ、「差別主義者」「ヘイトスピーチ」などと批判を浴びるくらいなら、「外国人差別はいけない」「人権は大事」などとだれも否定できないことを言っておいたほうがいい。「そもそもこの問題に触れるな」というのがマスコミから政治家へのメッセージのようにも思えてくる。

画像を作成した川口の女性は産経新聞に寄せたメールで、わが国のほとんどのメディアについて「もはや信用ができない状態」とつづっていた。全文をほぼそのまま紹介する。

《自分のような市民の小さな声を拾い上げてくださり、本当に感謝しております。

川口の外国人問題については、貴社以外のメディアは、ほとんど市民の声を聞こうともせず、外国人が起こした事件・事故・迷惑行為を極小化し、「体感治安が悪化しているのは、川口市民が外国人に対して偏見を持っているからだ。もっと川口市民が歩み寄り外国人を理解するべき」といった、角度がつきすぎた論調に無理やり導こうとしているので、もはや信用ができない状態で、行き場のない怒りを抱いておりました。この問題に悩んでいる多数の川口市民も同様の気持ちを抱いている状況です。そのため、記事によって、この「市民の抱える行き場のない怒り、悲しみ」に光を当てていただき、本当に感謝しております。

私は貴社の報道とそのあり方を拝見し「ペンのチカラ」を、改めて信じたいと思っているところです。お忙しい中かと思いますが、どうぞご自愛くださいませ。》

「どこがヘイトか？」正直おびえて子育てしている

これらの報道を受けて産経新聞にはさらに多くの読者の声が届いた。近年ＳＮＳなどで、個人の意見が「拡散」されることが増えているが、比較的短い感想や攻撃的な内容に偏《かたよ》ることも多い。あらためてメールで意見を募集したところ、いずれも長文で、自身の体験や意見を淡々と述べるものがほとんどだった。総数は1カ月で約３００通。全体の約4割が埼玉県民からで、うち約7割が川口市民だった。

「政府も自治体も何もしてくれない」「このまま川口で暮らしていけるか不安」……。クルド人とみられる集団の行為について具体的事例を挙げて批判する人も多かったが、より住民が懸念しているのは、やはりメディアの姿勢だった。

「テレビは事実を報道しない」「地域の問題を述べただけでヘイトと言われる日本は本当におかしい」などとつづる人は少なくなかった。

市民がなぜここまで怒りを感じているのか。それらの声を口当たりのよい「多様性を認めよ」などという言葉で一括りにして放置すれば、社会の分断がより一層進む恐れすらある。

川口市で子供を育てているという40代女性は《テレビなどのマスコミは何らかの恩恵や力が働くのかわかりませんが、ほとんど事実を報道しません。記事を読んで、勇気を出して文章にする方もいるんだなと感銘をうけました》。

女性は、以前は横浜市内に住んでおり、《外国人が多い地域でいろいろな国の友人もいました。外国人に対する差別意識はありません》とした上で、川口市について《実際に子育てして住んでみると、治安の悪さに驚きました。

これまでの自身の経験をつづり、《正直おびえて子育てしている》《日本の子供たちに与える影響が怖い》としつつ、《何かを発言すればヘイトだとか人種差別だと、圧力や嫌が

報じられない川口クルド問題

秩序なき「共生」黙殺される地域の声

「移民」と日本人

住民 画像作り訴え

私たちの存在を 消さないで。

ペンのチカラ信じたい

＜地元住民の声＞

川口市内

埼玉県内

メディアが問われている

川口のクルド人問題をめぐる最近の経緯と報道状況

欧州 批判恐れ及び腰

沈黙に不信感「過度の配慮に不安」

報道状況検証

川口の地元住民の声などを詳細に伝えた2024年３月16日付「産経新聞」の特集ページ

らせがありそうで、怖くて発言できません》《安心して子供を公園で遊ばせられる、安全な子育てができる埼玉県に戻ってほしいです》と結んだ。

埼玉県内の33歳女性は《迷惑行為を繰り返すクルド人の取り締まりを強化して、もとも

と住んでいた方が平穏に暮らせる生活を取り戻すことの、どこがヘイトや差別なのでしょうか？　クルド人問題を提起しただけで「ヘイトだ！」と言われてしまう日本、本当におかしいです》。

川口市に住んで20年になるという60代女性は《いつのまにか周りにクルド人が増えたとし、道路にあふれるごみの問題や公園の使い方、夜のコンビニでの体験などを淡々とつづった。警察に連絡しても特に改善はなく、《パトロールもしてくれない》という。

《私には孫がいます。本当にここに暮らして大丈夫なのか？　この年になって、そんな不安が出てくるなど思いもしなかった。引っ越せばよいといわれるが、年金生活でお金はありません。市長が出してくれますか》《私たちはふつうに暮らしていただけです。どうか川口市民の声が大きな声になって市を、国を揺さぶれる力になりますように！》

こうした声が殺到した背景には、意見を募集した直前の2024年2月、川口市のクルド人をめぐる問題がネット上などをにぎわしていた背景もある。

2月18日、同市に隣接するJR蕨駅周辺で「クルド人排斥」を訴える団体がデモを行い、クルド人らでつくる一般社団法人「日本クルド文化協会」（川口市）の関係者による「日本人死ね」とも聞こえかねない発言（本人は『病院へ行け』と言ったと釈明）がSN

Sで拡散、「デモも下品だが、クルド人も下品」「自分から日本に住んでいておいて『死ね』とは何様だ」などの書き込みがあふれた。

さらに2月22日のインターネット放送「アベマ」の討論番組でフリーアナウンサーの女性が「外国人との共生が不可だとなると、日本人は引っ越しできるので人口が流出するだけ」などと発言し、物議をかもした。「日本人軽視」「地元軽視」ととられかねない行動や発言は逆に偏見や分断を招く。マスコミがそれに加担していると感じられれば、なおさらである。

彼らは警察を何とも思っていない

メディアが、地元市民のこうした声を大きく取り上げたのは恐らく産経新聞が初めてだったのではないか。政治も行政も、報道機関もほとんど動かない中で、言葉は悪いが「ガス抜き」程度にしかならなかったかもしれないが、その声は善良に暮らす多くの市民の本音ではないだろうか。

本書では第2章以降、川口市内などで起きている事象について具体的に触れていくが、その前にもう少し地元の人々の声に耳を傾けていただきたい。

川口市内の55歳男性は、もともと外国人の多い川口は《日本のどこの住民よりも外国人に慣れている》とした上で、《ただ、クルド人とほかの外国人が違うと思うのは、彼らが警察を何とも思っていない点です。法律も関係ない、警察も怖くない、集団で行動するクルド人をこのままにしておけば、この街は無法地帯になります。誰か助けてください》。《まじめに仕事をしているクルド人もたくさんいるでしょう。日本人がやらない仕事をしてもらって、助かっている部分もあるでしょう。ですが、法律を守らないクルド人は日本から即刻出ていってもらいたい。これはヘイトでも差別でもなく、日本人として当たり前の感情だし、当たり前の前提だと思います》

同市内の40歳男性は、クルド人とみられる若者グループによる一方通行での改造車の逆走などの目撃が後を絶たないという。《彼らは「一部のクルド人」だと言いますが、もはや全体の問題と考えてもおかしくない。一刻も早く、安心して暮らせる社会になることを願う》

同市内で生まれ育ち、現在も市内で子育て中という50代女性は《クルド人の行動や素行をとても恐怖に感じています。私たち川口市民は、この先も川口で生活していくことに不安を感じます。公平って何ですか。それを武器にしないでください》。

埼玉県内の67歳男性は《すでに何千人も住んでいて民族衣装を着て民族楽器を鳴らしている。ここは日本？　これからどうなっていくのか。しかも実態は不法滞在状態の人もいるといわれている》とし、こう続けた。

《政府は「移民」を急速に増やそうとしている。そのことへの不安が広まり、クルド人問題を大きくしている面があるのではないか》

廃材を満載して高速道路を走るトラック。運転手は中東系だったという＝2023年、埼玉県内（読者提供、画像を一部処理しています）

県内の56歳男性は《「外国人と共生を」「外国人を差別するな」と政府やメディアが擁護しているが、この問題に対処しない政府には憤りしかありません》とつづった。

埼玉県外からも多くの声が寄せられ、神奈川県の50代女性は《この問題に対する貴社以外の一部メディアによる偏向報道や政治・行政の無為無策に憤り、悲しみを感じておりました。川口に無縁であっても、想像力さえあれば、苦しむ川口市民の気持ちは十分理解できます》。

茨城県の38歳男性は《川口の状況を知らない日本人はたくさんいますし、メディアも政治家もスルーする状況の中、問題解決に向かう大きな一歩だと思いました》とつづった。

初めてマスコミに意見を投稿するという東京都の58歳女性は《大きな問題であるにもかかわらず、大手メディアで取り上げられることがほとんどなく、取り上げられたとしても過度に配慮した扱いに大きな不安を感じていた。川口市の問題は他人事ではなく明日はわが身の問題です》とし、こう続けた。

《国の形を変えるような問題が差別や目先の労働力確保といった問題にすりかえられ、オープンな議論ができない状況で、影響力のある大手メディアが問題提起しない姿勢に疑問を感じていた。今回の地元女性の訴えはそのような状況に一石を投じるものと感じます》

朝日、共同、地元紙さえ報じず　写真展などは好意的

では、本当に大手メディアはこの問題に対して消極的なのか。

２０２３年6月から24年3月にかけて起きた、産経新聞や産経ニュースが取り上げたクルド人と地元との軋轢をめぐるニュースや、クルド人の犯罪についての事案など20件について、朝日新聞、毎日新聞、読売新聞の全国紙3紙と共同通信、地元紙の埼玉新聞の5媒体を対象に、商用データベースなどで報道状況を調べた。

その結果、産経を除き3媒体以上が報じたニュースは20件中わずか2件。2媒体が報じたニュースは7件、1媒体しか報じなかったニュースが5件、まったく掲載していないニュースが6件だった。1媒体だけの場合は地元紙が多かった。

詳細は41ページから触れるが、23年6月末、川口市議会が国や県などに「一部外国人による犯罪の取り締まり強化」を求める意見書を賛成多数で可決したニュースは、地方議会としては異例の出来事と言えるが、取り上げた報道機関は一つもなかった。

この意見書は、具体的な民族名こそあげていないものの、クルド人を念頭に置いたものだった。産経新聞もこの件を報じたのは約1カ月後だったが、クルド人と住民との軋轢の実態や議決の背景、与野党議員の声などを大きく取り上げた。

一方で地元紙も含め、各紙は産経が報道するまでまったく報じず、地元紙が23年8月中旬の企画記事の中で、また全国紙の1紙が9月にクルド人問題をめぐる政治家の動きを報じる中で触れたのみだった。

意見書の可決から数日後に起きた総合病院「川口市立医療センター」周辺でのクルド人約100人による騒乱事件も同様だった。クルド人同士の痴話げんかがきっかけで、市内の路上で相手を切りつけて暴れた上、搬送先の病院にまで押し掛けるというショッキングな事件だ（66ページ参照）。殺人未遂や公務執行妨害などで約10人の逮捕者を出した上、地域唯一の救急医療が一時ストップするなど地元住民にも多大な影響が出たが、これらを大きく報じた社もほとんどなかった。

24年3月、女子中学生に性的暴行をしたとして不同意性交容疑でクルド人の男が逮捕された性犯罪事件（177ページ参照）も、産経以外は2紙しか報じなかった。報道した2紙も「トルコ国籍」との表記で、逮捕されたクルド人が事実上の「移民2世」であること

川口のクルド人問題をめぐる最近の経緯と報道状況

朝日新聞、毎日新聞、読売新聞の全国紙３紙と共同通信、地元紙の埼玉新聞の計５媒体のうち

掲載媒体			
３媒体以上	２媒体	１媒体	掲載なし
○	△	▲	×

年	日付	本紙や産経ニュースが報じた事案	他媒体の報道状況
2023年	6月29日	埼玉県川口市議会が、国や県などに「一部外国人による犯罪の取り締まり強化」を求める意見書を可決	▲
	7月 4日	川口でクルド人同士の殺人未遂事件。市立医療センター周辺でクルド人約100人が集まる騒ぎ、救急受け入れ5時間半停止	○
	8月 1日	川口の大型商業施設に煙幕を出す花火を投げつけたとして14歳のクルド人の男子中学生が逮捕	△
	21日	7月の殺人未遂事件で埼玉県警がこの日までに計7人を逮捕	▲
	9月 1日	川口市の奥ノ木信夫市長が、法相へ不法外国人の強制送還などを求める要望書	△
	4日	東京都内でクルド人業者による解体工事をめぐり住民から苦情が殺到、区が工事停止を指示	▲
	14日	衆院外務委の黄川田仁志委員長（当時）が駐日トルコ大使にクルド人問題で「懸念」伝達	×
	25日	7月の殺人未遂事件でさいたま地検が7人全員を不起訴処分	△
	26日	川口署内でジャーナリストを「殺す」などと脅したクルド人を逮捕	×
	10月24日	ジャーナリスト脅迫事件でさいたま地検がクルド人を不起訴処分	×
	11月 4日	川口のクルド人団体「日本クルド文化協会」が埼玉県警や地域住民らと合同パトロール	▲
	24日	公安調査庁が年報「国際テロリズム要覧」2023年版で、テロ組織のリストからトルコの非合法武装組織「クルド労働者党（PKK）」などを除外。この日インターネット上で公開され、内外で反発広がる	×
	29日	トルコ政府が日本クルド文化協会と代表者らについて、PKKに資金提供している「テロ組織支援者」と認定、トルコ国内の資産凍結を公表	▲
24年	1月22日	不法滞在のクルド人男性が実質経営する解体会社が埼玉県に100万円を寄付、大野元裕知事が男性に感謝状を手渡す	×
	23日	クルド人の祭り「ネウロズ」の埼玉県営公園での開催許可をめぐり、県公園緑地協会が当初の対応の誤りを認めてクルド人支援団体に謝罪	○
	2月25日	2月18日にＪＲ蕨駅周辺で行われたデモの際、日本クルド文化協会関係者が「日本人死ね」とも聞こえかねない発言をしたと指摘され同協会が釈明、謝罪	△
	26日	衆院予算委で日本維新の会所属議員が川口のクルド人の治安問題をめぐり国会では初めてとみられる関連質問	△
		川口在住の女性が「ネーティブ・ライブズ・マター（地域住民の命は大切）」などと訴えるメッセージ画像をSNSに投稿、急拡散される	×
	3月 5日	ネウロズ開催をめぐり県公園緑地協会が日本クルド文化協会に公園使用を許可	△
	7日	川口のコンビニ駐車場で女子中学生に性的暴行をしたとしてクルド人を逮捕	△

※他媒体の掲載状況は商用データベースの検索結果などから。2カ月以上たってからの掲載は除く

など詳しい背景は報じられなかった。

一方で、川口市内で開かれたクルド人の写真展などのイベントはほとんどの媒体が好意的に紹介していた。クルド人の祭り「ネウロズ」の開催をめぐり、埼玉県側が公園の使用を一時認めなかった問題（90ページ参照）は、ほぼ全媒体が報じていたが、いずれも県側の不手際を批判する形で取り上げていた。

また、「クルド人」という民族名は、難民申請を繰り返す彼らが法的に不安定な立場に置かれているとして、「生活苦しく　クルド人親子」など同情的に報じる際に使われるケースが目立った。逆に、事件や不祥事などでは「トルコ国籍」とだけ報じて民族的な背景を報じなかったり、単に「外国人」とだけ表記したりするケースもあった。

23年8月、川口市内の男子中学生が大型商業施設への威力業務妨害容疑で逮捕（174ページ参照）された際に報じた2紙も「トルコ国籍」「外国籍」との表記だった。

先に触れた24年2月26日の衆院予算委員会で、川口市を地元とする議員が、外国人の治安問題について質問した件は、共同通信から配信された記事を全国紙1紙が掲載している。

今回、地元住民らから寄せられたメールでも、《日本人の女子中学生がクルド人にレイ

埼玉県警などとの合同パトロールに参加する日本クルド文化協会のワッカス・チカン代表理事（右）ら＝2023年11月、ＪＲ東川口駅

プされたのに、ほとんどのマスコミが重要視せず、川口の実態が報道されないことは異常としかいいようがない》《「ヘイトスピーチだ」などとするジャーナリストの談話を掲載した通信社や、そのジャーナリストは本当に川口の実態を知って批判しているのでしょうか》などの意見があった。

クルド人の報道をめぐっては、こんな出来事もあった。23年11月4日夕、埼玉県警が川口市内で入管や地域住民らとの合同パトロールを行い、「日本クルド文化協会」からも初めてクルド人の男女5人が参加した。一般市民とクルド人が一緒にパトロールする姿は確かにテレビ的には絵になる。ところが、いつものように「好意的」に伝えようと集まった報道陣が困惑する一幕があった。

当初は「大変ですね」などと緩い質問に答えていた同協会のワッカス・チカン代表理事が、一部クルド人による車の暴走行為やトラックの過積載がＳＮＳで批判されていることを問われると、「ＳＮＳで出ているのは嘘やデマが多い」と反論し始めたのだ。

「われわれも同胞がルール違反をしているのではないかと独自のパトロールを始めたが、実際は皆で集まるくらいだった。車の問題や車の写真をばんばん撮ってＳＮＳに流しているということも、日本の方も同じことをやっている。デマじゃないかと思うので、証拠があれば出してほしい」

報道陣から「ただ、一部では事件も起きている」とあらためて指摘されると、チカン氏は「もちろん悪い人もいるので、犯罪者は絶対許さないで、警察が捕まえて日本から出してほしい。同胞には日本のルールを守ってほしい」と話した。

パトロールはテレビも含め数社が取材に来ていたが、これらの発言が産経新聞以外で取り上げられたり放送されたりすることはなかった。中にはニュースそのものを見送った社もあった。

在日トルコ人「日本政府は入国管理の厳格化を」

クルド人は、トルコやシリアなどを中心に3千万人いるとされ、それぞれの国では少数民族のため「国を持たない民族」と呼ばれる。

川口市に隣接するJR蕨駅周辺は、在日クルド人の一大コミュニティーとなり、中東料理や食料品の店が点在。一帯は「ワラビスタン」と称される。スタンはペルシャ語で「土地、国」を意味する。

トルコと日本の間には短期滞在査証（ビザ）免除の取り決めがあり、渡航の容易さから1990年代以降、多くのクルド人が来日するようになった。

彼らは、国内での「差別や迫害」を理由に短期滞在の期限切れ前後に難民申請するケースが多いが、トルコ国内にはクルド系の国会議員や実業家などもおり、一概に「差別されている」かの判断は難しい。

川口市一帯はかつて鋳物産業などで栄え、在日韓国・朝鮮人も多く住むなど、以前から多民族が暮らす土壌があった。また東京に近く、家賃など生活費が比較的安いことから、中国人やベトナム人らも多くやって来た。クルド人も、先に来日した親族などが川口市周辺に住んでいることが多く、彼らを頼って来日、ここ20年ほどの間に国内最大の集住地となったという。

クルド人と地元住民らの軋轢について、日本に住むクルド系ではないトルコ人はどう考えているのか。在留トルコ人の30代男性が産経新聞の取材に応じ、「一部のクルド系トルコ人のトラブルが在日トルコ人社会全体のイメージを悪くさせている」などと複雑な心境を語った。

男性は埼玉県在住で「一部のクルド人のために多くの善良なクルド人もトルコ人も迷惑している。日本とトルコのよい関係を続けるためにも日本政府は入国管理をより厳しくしてほしい」と訴えた。

男性は滞日10年近くで、国際的な業務に従事している。今回、トルコ人側から見たクルド人について産経新聞にメールを寄せたが、「クルド人社会との軋轢を避けたい」として匿名を条件に取材に応じた。２０２４年はトルコと日本の国交樹立１００年の記念の年でもあり、一部クルド人のトラブルで両国の関係が悪化することを非常に懸念しているという。

男性が、その要因として指摘するのが、やはりクルド人をめぐるマスコミの報道だ。クルド人の犯罪やトラブルを大手メディアが報じる場合、「トルコ国籍」とだけ報じるケースが多いため、在日トルコ社会では「またわが国のイメージが悪くなる」という困惑が広がっているという。

「もちろんトルコ人にもクルド人にも罪を犯す人はいる。ただ、現状の報道はクルド人が日本に集住している背景などには触れず、トルコ国籍と一括りにして報じている」

入管庁によると、わが国に在留するトルコ国籍者は約6千人。このうち約2千人がクルド人とみられる。トルコと日本は3カ月（90日）以内の短期滞在ビザを免除しており、観光などを目的に入国して3カ月が過ぎる前後に、難民申請を繰り返すケースが問題化している。大半が「トルコ政府からの迫害」を理由としたクルド人という。

男性は「彼らの多くは本当は就労目的だと思う。なぜなら彼らはパスポートも持っているし、来日する航空機代もある。大統領選にも投票できる。トルコの国会にはクルド系議員がおり、クルド系のビジネスマンもいる。何より、日本にいる彼らは何か問題を起こすとトルコ大使館へ保護を求める」。

ＳＮＳのフェイスブック上には「在日トルコ人の求人情報と支援」「在日トルコ人のビジネス・情報交換の場」といったグループが複数あり、来日希望のクルド人から「難民申請したい。どうすればいい」「日本で仕事を探したい」といった書き込みが頻繁にあるという。

「きちんと就労系のビザで来日すべきだと思うが、毎日同じような質問が書き込まれていて、うんざりする」

入管庁によると、外国人が就労目的で在留する際は、専門分野での在留資格や「特定技能」など、就労が認められる在留資格を与えられる必要がある。

男性は「一部のクルド人のためにわれわれ全体が迷惑している。日本政府は入国管理を厳しくしてほしいし、日本のメディアは、『かわいそうなクルド人』という視点だけでなく、『トルコ国籍者』の背景をもっと報道してほしい」と訴えている。

れいわも賛成した「クルド人」意見書

メディアも国も市民の声に耳を傾けない中で、いち早く動いたのが川口市議会だった。2023年6月29日、国や県などに「一部外国人による犯罪の取り締まり強化」を求める意見書を可決したのだ。

「クルド人」と名指ししてはいないものの市議らの大半は「彼らを念頭に置いた議論だった」と明かす。今、欧州や米国では移民との共生と対立をめぐって社会が激しく動揺している。市議会の意見書可決までの道のりにも、この問題が凝縮されていた。

クルド人は家族や親戚など大勢で集まる習慣があり、夜間などに不必要な誤解を住民に与えてしまうことがある一方、窃盗や傷害、ひき逃げなど実際に法を犯すケースも後を絶たない。

「私たちにクルド人を差別したり対立したりする意図は毛頭ない。ただ、わが国の法やルールを守れない一部クルド人の存在は、残念ながら地域住民に恐怖すら与えている」。

意見書のとりまとめに尽力した自民党の奥富精一市議はこう訴える。

意見書について奥富市議はまず自民党内で提案。すると、同僚市議らのもとにも、「敷地の駐車場を壊された」「ごみ出しでトラブルになった」などの苦情や相談が住民から相次いでいることが明らかになった。公明党市議団にも相談したところ、市議団長自身があおり運転の被害者だったという。

クルド人の集住地域に住む30代男性によると、改造車が中東の音楽を大音量で流しながら住宅街を暴走することは日常茶飯事で、「深夜に家の前を爆音が通り過ぎる。その様子を自身のインスタグラムでアップしている者もおり、面白がっているとしか思えない」と話す。

21年10月には、19歳のクルド人少年がトラックで県道を暴走し、横断中の69歳男性をはねて死亡させ、逃走した。少年の所持品に運転免許証はなかったという。事件後、少年は出国しようとしたところを逮捕された。

ただ、こうした悪質な事件は別だが、実際には言葉の壁などもあり警察が動くことはまれだ。関係者によると、交通事故などをめぐっては車の所有者すらわからず、泣き寝入りするケースも多い。クルド人だけでなく外国人犯罪全体の実態も把握しきれていないとい

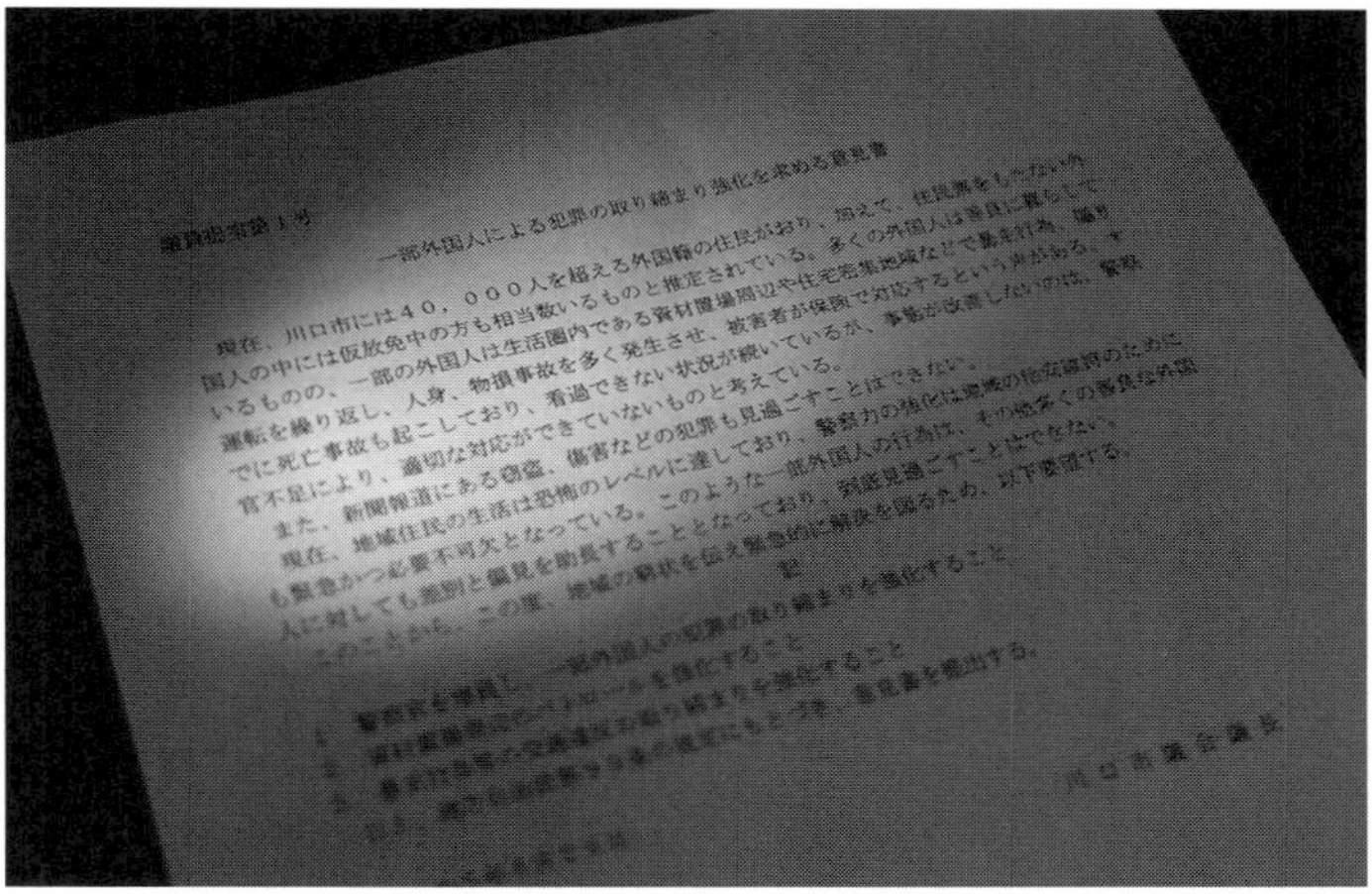

川口市議会が可決した「一部外国人による犯罪の取り締まり強化を求める意見書」

う。

可決された意見書は、議長を除く41人の採決の結果、34人が賛成した。提出先は衆参両院議長と首相、国家公安委員長、埼玉県知事、県警本部長で、「一部の外国人は、資材置き場周辺や住宅密集地などで暴走行為やあおり運転を繰り返し、窃盗や傷害などの犯罪も見過ごすことはできない」と具体的に指摘。警察官の増員や犯罪の取り締まり強化を求めている。

一方、意見書の採決に反対したのが、共産党4人と立憲民主党2人、れいわ新選組の1人だ。ただ、れいわ所属のもう1人の議員、小山千帆市議（当時）は本会議の起立採決で立ち上がり、賛成した。小山市議は賛成の理由を議会関係者にこう話したという。

「私の自宅の前でも毎日のように暴走車両が通り抜けて、近所から苦情が殺到している。到底見過ごすことはできなかった」

議会関係者によると、小山市議はその後、れいわ内で難しい立場に立たされたという。党本部に取材を申し込んだが、応じなかった。

一方、共産党は地区事務所が市内のクルド人集住地域にあり、関係者によると、街宣カーを止めている駐車場にクルド人運転とみられる車が突っ込み、ブロック壁を壊される被害に遭ったことがあるという。

同党市議は「暴走行為や犯罪は一部外国人に限らない。日本人にも罪を犯す人はいる。共生社会を目指す上で、ことさらに外国人を取り上げた意見書には賛成できない」と話した。

意見書を受け、埼玉県警は実際にパトロールを強化するなどしたが、可決から1カ月にも満たない23年7月19日には、同市内の夜の公園で女子高生の体を触ったとして、市内に住むトルコ国籍の50代の男が強制わいせつ容疑で川口署に逮捕されている。

一方で、今回の意見書については地元メディアも含め報道機関はほとんど伝えなかった。奥富市議は市役所の記者室をあらためて訪ね、居合わせた記者らに可決の意義などを訴えたが、「そうですけどね」「難しいですよね」などと、あいまいに応じるだけだったという。支局の一記者がややこしい問題に触れたくないということなのか、あるいは所属する社の方針に沿った判断だったのかはわからない。

れいわ新選組の小山市議は約1年後の24年5月27日、同党を離党した。取材に対し「意見書はきっかけの一つだが、決してそれだけではない。この1年、議員として活動する中で、川口市に住んでいる市民の困っていることに寄り添いながら活動していくためには、離党という結論になった」。

また、「クルド人問題については、今はお話しできない」とした上で「当面は無所属で活動し、まずは6月議会に取り組んでいきたい」と話した。

れいわ新選組は小山氏について、公式サイトで「一身上の都合により離党となりました」と公表しただけだった。

れいわを離党した議員のその後　立民でも炎上

れいわ新選組を離党した小山千帆氏はその後、川口市議を辞職し、２０２４年10月に行われた衆院選に立憲民主党の公認候補として立候補した。市議を辞職した際は取材に対し「取材は断っている」と回答。自身のＸも全面削除した。

選挙区は埼玉県内ではなく、これまで縁のなかった愛知県豊橋市などを含む愛知15区。政治資金パーティーの不記載問題などで自公が大きく議席を減らしたこの選挙で、小山氏は比例東海ブロックで復活当選、衆院議員となった。

だが、意見書に賛成したことは想像以上に尾を引き、小山氏が公認に内定した24年7月30日の直後から立民党内は不穏な空気に包まれた。支持者や党員らから「多文化共生や差別を許さないという党の理念と相容れない」などの異論が相次いだのだ。

宮城選挙区選出の石垣のり子参院議員は朝日新聞の記事を引用する形で、自身のＸに次のように投稿した。《昨日の党幹部会合では、反対論や慎重論は出なかった、とありますが、私は一立憲民主党の議員として、今回の公認に至る経緯、小山氏が意見書に賛成した理由と差別であることの認識、また、ご本人が説明される前にツイッター（X）等を全面削除された理由について、明確な説明をいただきたい旨を伝えています》

この朝日新聞の記事は7月30日配信の《立憲、衆院選に元川口市議を擁立　在日クルド人念頭の意見書に賛成》。朝日新聞は過去、意見書についてほとんど記事にしてこなかったにもかかわらず、小山氏の擁立を批判的に取り上げたのだ。

さらに8月2日に開かれた泉健太代表（当時）の定例記者会見でも、朝日新聞の記者は公認の経緯や理由を質問。泉氏は「意見書の表現に、これはいかがかという部分がある」としながら、「党の理念と合致する考え方の人であると確認が取れた」と説明した。

朝日記者は「表現としていかがとは、具体的にどこか」「公認決定と党の理念は矛盾しないということでよいか」と再三質問し、翌日の紙面とネットで、《元川口市議擁立、泉代表「共生理念に合致」　在日クルド人念頭の取り締まり強化に賛成》との見出しで続報を報道。これらの記事が拡散され、ネット上は立民支持者らを中心に「炎上」状態となった。中には「差別主義者をなぜ擁立したのか理解できない」「この議員一人のために立憲は一気に支持者を失う」などの厳しい意見が広がった。

こうした批判的な報道が集中的に続くことを考えると、議員らが外国人問題にはうかつに触れないほうがよいという雰囲気になることもわからないではない。

小山氏の衆院選向け公式サイトには主要政策が4項目列挙されていたが、移民問題についての言及はなかった。また、衆院初当選にあたって、あらためて小山氏に国の出入国管理政策や川口市のクルド人問題、意見書などについて取材を申し込んだところ、豊橋市の地元事務所を通じて「取材は受けない」と回答があった。

その後、小山氏は衆院に初登庁した11月11日、質問主意書を提出。「仮放免者の過酷な状況の改善や地域社会の軋轢への政府一丸となった対応」などについて政府にただした。

「外国人との共生」求める川口市長　すでに引退表明

川口市議会が国や県などに「一部外国人による犯罪の取り締まり強化」を求める意見書を可決してから約2カ月後の2023年9月、同市の奥ノ木信夫市長は法務省を訪れ、不法行為を行う外国人について厳格に強制送還することなどを求める要望書を当時の斎藤健法相に手渡した。

要望書ではクルド人の現状などを説明。仮放免のクルド人が市内に相当数いるとして仮放免者の就労を可能にする制度の創設や、健康保険などの行政サービスの提供を国の責任で判断することなども求めた。つまり、罪を犯した者には強制送還などの厳しい措置を求める一方で、そうでない者については仮放免者も含めて国の責任で就労させ、社会保障も整備してほしいというのである。

記者会見する埼玉県川口市の奥ノ木信夫市長＝2024年2月

ただ、クルド人と地元住民との軋轢が以前よりも表面化しつつあったためか、市は要望活動を事前に公表せず、問い合わせても市広報課は「取材対応はいたしません」と述べるだけだった。

斎藤法相との面会は地元選出の自民党衆院議員、新藤義孝経済再生担当相（当時）も同席して行われた。面会を終えて現れた市長に声をかけたが、硬い表情で黙ったまま、黒塗りの公用車へ乗り込んだ。

奥ノ木市長は川口市で生まれ育ち、１９９1年に市議初当選。95年に県議に転じ5期務めて議長や自民党県連幹事長を歴任した。２０１４年に市長に初当選し、22年2月の選挙では投票率21％の中、得票率80％で3選を果たした。24年3月、2年後の26年の任期限りでの引退を表明している。

市長が就任した14年以降、市は「多文化共生指針」を2回改訂。とりわけ23年度から27年度までの5年間を対象とする第2次指針の改訂版は、基本理念として「日本人住民と外国人住民の多様性を活かした元気な川口のまちづくり」を掲げた。それは「外国人は弱い立場で、日本人が理解し寄り添うべき」という視点で貫かれている。

たとえば「第3章　多文化共生をめぐる現状」の「防災・防犯」の項目。

《外国人住民は……地域の生活においても、日本語の能力が十分でないために防犯情報を理解できず、犯罪に巻き込まれてしまうおそれがあります》

市民から見れば現実はまるで逆で、犯罪に巻き込まれているのは地域に住む自分たちのほうだと思うだろう。

市は16年4月、協働推進課に多文化共生係を新設した。JR川口駅前の市施設内にある同係は、外国人をめぐる市民からの苦情や相談のすべてに対応する。24年4月に係長以下

3人態勢から5人に増員されたものの、休日の夜も職員がトラブル対応に追われることもあるという。

担当者は「特定の民族の人数が増えれば『町』ができる。収入源もできる。収入源があれば車など何でも買えるし、同胞をサポートすることもできる。日本人の間でいくら『ルールを守れ』と啓発しても、その民族には届かない」と話し、こう続けた。

「国がトルコ国籍者のビザを免除して、観光名目の短期滞在の在留資格ですぐに入国させてしまうから、うちの市にやってくる。一番の原因は国の政策の問題だと思います」

市長は新型コロナウイルス感染拡大下の20年12月にも、当時の上川陽子法相を法務省へ訪ね、仮放免者の就労を可能にする制度の創設を要望している。このときは冒頭のやり取りが報道陣に公開され、市長は記者団に「国の支援があって初めて市としても対応できる。市内で生活を送っている仮放免者が多くおり、何とかすることが必要だ」と語った。

市長の言い分は、地方自治体の長の発言としては限界かもしれない。入管難民法の改正や運用などは完全に国の施策であり、地方行政ができる権限は限られているからだ。

ただ、市長就任の14年以降、市内の外国人の人口は10年間で約2万3千人から4万3千人と1・9倍に増加。中でもクルド人らトルコ国籍者は約450人から1200人と2・

7倍に増えた。

その大半が解体業などの「3K（きつい・汚い・危険）」仕事に従事しており、中には不法就労者もいる。日本人が働きたがらない職場を彼らに押しつけた上で、外国人との「共生」を求め、今になって国へ要望を繰り返す姿勢はちぐはぐにも感じられる。

その要望は現在、国からの直接的な財政支援へと移っている。

冒頭の斎藤法相との面会から7カ月がすぎた24年4月と5月、実際には見送られたものの次期衆院選が取りざたされる中、地元選出の衆院議員らが相次いでクルド人問題の視察に訪れた。対応した市長は7カ月前とは打って変わって饒舌だった。

市長は「教育も医療も人道的支援にはお金がかかっている。それがかなりの額になっている。国のほうできちんと手当てしてほしいというのが、地元の市として一番の願いだ。正直に言えば、本当は日本の生活や習慣に対する指導といったものまで、パッケージで支援金として出していただければありがたい」とし、こう訴えた。

「やはり国が仮放免の制度を認めている以上、最終的には国が責任を持ってバックアップしてくれないかぎり、無理だと思う」

背景には第5章で詳述するように、クルド人の小中学生に対する就学援助や、病気やけがなどによる市立病院への未払い金が多額に上っていることもあった。

市長は「いま困っているのは仮放免の人がかなりいて、就労不可なのに実際は働いている。彼らだって本当は税金を払いたいし、保険にも入りたいと思っている人もいるだろう。そうなれば住民とのトラブルを起こすクルド人も減るだろうが、現行制度ではなかなか難しい。国がもう少し、しっかりした制度を作ってもらいたい」。

この時、中国人やクルド人など「外国人が多い学校」として国会議員らと視察した市立中学校は、市長の母校だった。

知事は「中東通」不法滞在のクルド人に感謝状

旧民主党参院議員などを経て２０１９年から知事を務める埼玉県の大野元裕《もとひろ》知事はそもそも「中東通」「イスラム通」として知られる。２期目となる23年８月の知事選では、次点の共産党新人候補に95万票以上の差をつけて再選したが、こちらも投票率はわずか24％だった。

1963年、川口市生まれ。地元の小学校を卒業した後は都内の私立中から慶應義塾高校、慶應義塾大学法学部政治学科を卒業、新潟県にある国際大学国際関係学研究科で中東地域研究を専攻し修士課程を修了した。89年からは外務省でイラク、アラブ首長国連邦、カタール、ヨルダン、シリアの日本大使館に勤務した経験もある。

こうした知事の経歴は中東、イスラム諸国の理解や友好に貢献するのかもしれないが、「近すぎる」「親しすぎる」関係はメリットばかりとは言えない場合もある。

たとえば外務省では中国語を専門に学んだ外交官たちを「チャイナスクール」、ロシア語は「ロシアスクール」などと呼ばれるが、暗に親中派や親露派を指したり、その国の政策の同調者として批判的に使われたりする場合も多い。親しくなりすぎたために批判しづらくなることや、最悪の場合は、わが国よりも他国の国益に沿った言動をしかねない恐れもあるからだ。

大野知事がイスラム諸国の人々と個人的にどこまで親しいのかはわからないが、今、故郷の川口市で起きていることをどう考えているのか。少なくとも地元住民の側に立っているとは思えないような発言や行動がいくつか見られる。

24年1月には大野知事自らが不法滞在中のクルド人男性に感謝状を手渡すという、一度聞いただけでは理解に苦しむような出来事があった。男性が県に100万円を寄付したことへのお礼ということだが、このニュースが産経ニュースで報じられると、ネット上では「埼玉県大丈夫？」「100万円は賄賂みたいなものか？」などの意見が殺到した。

男性は30代で約20年前に来日、川口市内で解体工事会社を実質経営する一方で難民申請を繰り返し、5回目の申請中だ。現在は入管施設への収容を一時的に解かれた仮放免の立場にあり不法滞在の状態が続いている。

記者会見する埼玉県の大野元裕知事＝2024年6月

寄付したのは地域の福祉活動などに使う「シラコバト長寿社会福祉基金（シラコバト基金）」。県によると、大野知事が知事室で男性に感謝状を直接手渡した。知事は「大切に使わせていただく」と述べ、男性は「埼玉県に貢献するため、特に子供たちの明るい未来に向けて役立ててほしい」と話したという。

この基金では法人は50万円以上、個人は10万円以上の寄付に対して県が感謝状を送っており、県福祉政策課は「ご本人が難民申請中で仮放免中なのは確認している。寄付は法人からのもので問題はない。ご本人は『会長』と名乗っているが正式な法人の役員ではないことも確認している。感謝状は必ずしも法人の代表者が受け取るものではなく、贈呈式は本人から希望があったので行った」と話した。

男性の「子供たちの明るい未来のために」という言葉に偽りはないのかもしれない。ただ、仮放免中の場合、住民としての立場は不安定で、納税などをめぐって不透明な部分も多い。「100万円は賄賂か」という声が上がるのも仕方がない部分はある。

しかも男性が事実上経営する解体工事の業界は、過積載トラックの暴走などで住民とトラブルになるケースも絶えないのだ。この寄付のニュースも産経以外は報じなかったが、地元住民からみれば納得がいかないだろう。

その約2カ月後の24年3月の定例記者会見で、川口市内のクルド人問題について大野知事は「一部トラブルは認識している」と明確に述べている。

「いまネット上で『川口市の治安が悪化している』と騒がれている。知事は川口市出身だが、体感としてどう思われるか」との質問に、「外国人の中には日本語や日本の生活の理解が十分ではない状況があり、逆に地域住民の中には外国人の増加に不安を抱える状況が

大野元裕知事（右）から感謝状を受け取るクルド人男性＝2024年１月（県提供）

ある。このため一部で軋轢やトラブルが生じていることは認識している」というのだ。

ただ、「クルド人や支援団体へのヘイトスピーチが徐々に激しくなっていると聞くが、どう思われるか」と問われると、「クルド人に限らず、ヘイトスピーチは地域社会から徹底して排除されなければならない」と強調。「県民の皆さまについても、一人一人がヘイトスピーチを許さないという思いを持って、日本人と外国人がともに地域を支える共生社会の構築を目指していきたい」と繰り返した。

さらに、自身が参院議員時代、ヘイトスピーチ解消法の起案に一部関わったことに触れ、「外国ではヘイトスピーチや人種差別は極めて重い形で受け取られている。日本だけがそうしたところから外れて、ある意味遅れているると見られるのは心外であり、日本人の温かみで共生社会をぜひ作り上げていただきたい」と述べ、「一部トラブル」への関心は薄いようだった。

大野知事は24年5月末にも誤解を受けかねない行動をとっていた。在トルコのクルド系国会議員らと県庁で面会していたことを公表していなかったのだ。この議員はクルド系の有力野党に所属し、トルコ政府がテロ組織に指定する非合法武装組織「クルド労働者党（PKK）」の傘下とされる政党の創設メンバー。議員側が自らSNS上で写真などを掲載したことで明らかになったが、面会に職員が同席した県国際課は「知事の公務と政務の中間くらいの立場で、県政と直接関係ないため、詳細を公表するつもりはなかった」と話した。

大野知事によると、5月31日にトルコの国会議員、ヴェジル・パルラク氏ら2人が来庁し、知事応接室で約10分間面会した。「埼玉県訪問のための表敬と聞き、私が国会議員時代に日本トルコ友好議連のメンバーでもあったので、知事という立場だがお会いした」と説明。「二国間関係の増進などを議論した。私のほうからは『国籍にかかわらず、すべての外国人と日本人が共存して安心して暮らせるように努めていきたい』という話をした」

と語った。

川口市内で、クルド人と地元住民らの軋轢が表面化している問題については「川口のクルド人についてという特定の話はなかった」と述べた。

日本の国会議員有志らでつくる「人権外交を超党派で考える議員連盟」にヴェジル氏側が提出した資料によると、同氏は「クルド政治運動の青年部門で積極的に活動」「国民民主主義党（ＨＤＰ）の創設メンバーで、23年の総選挙で「人民の平等と民主主義党（ＤＥＭ）」所属の国会議員に当選したと紹介されている。ＤＥＭはＨＤＰの事実上の後継政党である。

ＨＤＰはクルド系の有力野党で、トルコ最高検は21年3月、ＰＫＫの傘下組織と断定、憲法裁判所に解党を申し立てた。大野氏はこの点について「トルコで正式に国会議員として選出された方が、トルコの国会議員として訪問されることについて表敬訪問を受けたということで、それ以上の認識は特にない」と応じた。

ＰＫＫは、クルド人国家の樹立を掲げて１９８４年に武装闘争を開始、90年以降、国内各地でテロを引き起こしてきた。日本の警察庁は国際テロリスト財産凍結法に基づき、ＰＫＫを「国際テロリスト」に指定、財産凍結などの対象としている。

国会議員は何をしているのか　ＳＮＳでは自民党批判

川口市のクルド人問題をめぐっては、国会でも論戦はほとんど交わされていない。21ページでも触れた川口市が地元の日本維新の会、高橋英明氏の質問（２０２４年２月）は共同通信の配信記事で「外国人差別」などと指摘されたこともあり、その後の広がりに欠けたが、23年7月の病院前での騒動が国会で取り上げられたのは高橋氏の質問が初めてだった。

高橋氏はＮＨＫのテレビ中継も入った衆院予算委員会で、騒動の写真パネルを掲げ、川口市という地名やクルド人の民族名はあげなかったものの「ある一部の地域でひどい状態になっている」と指摘。「この写真にあるように、市立病院の前で何百人規模でいざこざがあった。こうしたことが起きると病院の機能も低下するし、近隣住民にとっては不安で仕方がない」と訴えた。

さらに、「国会にいては危機感がない。（川口は）ここから1時間くらいのところだ。

衆院予算委員会で掲げられた病院騒動の写真＝2024年２月（「衆議院インターネット審議中継」から）

しっかり目で見て耳で聞いて肌で感じてほしい」と述べ、警察や入管による一斉取り締まりの実施を要求。その上で、岸田文雄首相（当時）が「日本独自の外国人との共生社会」を提唱していることに関し、「ルールを守らない外国人とも共生するのか」と質問した。岸田首相は「外国人との共生のあり方は国によってさまざまだが、あくまでもルールを守って生活していくことが大前提だと認識している」などと述べた。

一方で自民党など与党議員がこの問題を国会で取り上げることはほとんどなかった。川口市は衆院選挙区では主に埼玉２区にあたり、地元選出議員は自民党の新藤義孝氏だ。新藤氏は経済再生担当相だった24年４月、同市内のクルド人集住地区を地元国会議員の立場で視察。報道陣の取材に応じ、クルド人問題について「地域住民に迷惑行為をしたり、事件も起きている」「やるべき務めは果たしている」などと語った。

新藤氏がこの問題について詳細に述べるのはこれが初めてだった。ＳＮＳなどでは、「地元国会議員が動いてくれない」「自民党は何をしている」などと指摘されていた。

新藤氏はこの日、市内の地元事務所から約1・3キロ離れた公園を訪れ、「一部の外国人による迷惑行為のある地区」として視察した。市によると、この公園では24年1月、卵形の公衆トイレが何者かに破壊され、扉やタンク、ペーパーホルダーが破損した。被害額は約30万円で、警察へ被害届を提出。防犯カメラの映像があり、市協働推進課は「外国人とみられるが断定はできない」。

新藤氏はその後、奥ノ木信夫市長や自民党市議団、入管庁幹部らと市役所で意見交換した。終了後に報道陣の取材に応じ、「外国人と日本人が共生し、相互理解するための支援は充実させる必要がある」。その上で、難民認定申請中の強制送還停止が原則2回までに制限される24年6月の改正入管難民法施行に触れ、「不法滞在状態の人、いないはずの人への支援はあり得ない。いてはいけない人、いられない人は国外退去していただくよう、

何者かに破壊された公衆トイレの説明を受ける新藤義孝氏（中央）。すでに修理されていた＝2024年４月、埼玉県川口市

改正法を適切に運用していかなければならない」と語った。

また、これまでも入管庁に対し、入管法の運用改善を求めてきたことを強調し、川口市内にいる仮放免者の情報を自治体へ提供する際の運用改善や、24年6月の「仮放免許可書」の携帯義務づけに向け、許可書のサイズを小さくしたことなどを実績として披露。進行役が取材を打ち切ろうとした際も「重要なところなので」とさえぎり、説明を続けた。

「地元の国会議員がなかなか動いてくれないという声がある」との質問には、「法改正以前から問題意識を持ってやってきた。私は私のやるべき務めはできる限り果たしているつもりだ」と応じ、「何よりもこの川口市が争いの場になってほしくない。皆で理解し合いながら互いにルールを守り、法律にのっとって暮らしていこうと、地元の一員として求めたい」と語った。

与党議員らの地道な活動はなかなか評価されにくい。その後もＳＮＳなどでは、自民党議員らに対する厳しい声が後を絶たない。

第2章

川口で何が起きているのか

病院でクルド人100人騒ぎ　救急受け入れ5時間半停止

埼玉県川口市内の総合病院「川口市立医療センター」前で2023年7月に起きた騒乱事件。クルド人ら約100人が病院周辺に殺到、県警機動隊が出動する騒ぎとなり、救急の受け入れが約5時間半にわたってストップした。

地元紙も含め新聞、テレビはほとんど報じなかったが、在留外国人問題について関心の高い人たちには、インターネットなどを通じて急速に伝わった。「川口市で何が起きているのか」。そうした見出しが言論系や雑誌系サイトなどでたびたび取り上げられるようになったのもこれ以降だった。

関係者によると、7月4日午後9時ごろから、医療センター周辺に総数100人とみられるトルコ国籍のクルド人が集まり始めた。

きっかけは、女性をめぐるトラブルとみられ、同日午後8時半ごろ、20代のクルド人男性が市内の路上で複数のクルド人の男に襲われ刃物で切りつけられた。その後、男性の救

クルド人らによる騒ぎがあった川口市立医療センター周辺＝2023年７月４日（読者提供）

急搬送を聞きつけた被害者、加害者双方の親族や仲間らが病院へ集まり、救急外来の入り口扉を開けようとしたり、大声を出したりしたという。病院側は騒ぎを受けて警察に通報。その後、救急搬送の受け入れを停止した。

県警からは多数のパトカーや機動隊が出動。その際、男２人が暴行や警察官に対する公務執行妨害の現行犯で逮捕されたほか、別の男４人が男性に対する殺人未遂容疑で逮捕された。

同病院は埼玉南部の川口、戸田、蕨の３市で唯一、命に関わる重症患者を受け入れる「３次救急」に指定されている。

地元消防によると、受け入れ停止となった時間は４日午後11時半ごろから翌５日午前５時ごろまでの約５時間半。この間、３市内での救急搬送は計21件あった。このうち搬送先が30分以上決まらないなどの「救急搬送困難事案」は1件だけだったが、幸いにも命にかかわる事案には至らなかったという。

同病院は「騒ぎが救急搬送に影響したかどうかはわからない」（病院総務課）と原因を明らかにしていないが、関係者は「病院周辺は騒然としており、とても救急車が入れるような状況ではなかった」という。

騒ぎを目撃した飲食店の女性は「男たちがわずかな時間に次々と集まってきた。サイレンが鳴り響き、外国語の叫び声が聞こえた。とんでもないことが起きたと思い、怖かった。こんな騒ぎは初めて。入院している方も休むどころではなかったのではないか」。

別の住民男性は「背丈が2メートルくらいのクルド人の若者が、片言の日本語で『親戚が刺された』と叫んでいた。病院前の道路にどんどん車が集まってきた」と話した。

約2カ月後の9月25日、さいたま地検は、殺人未遂の疑いで逮捕された男ら計7人全員を不起訴処分とした。理由は明らかにしていない。ただ、この処分が新たな騒動を生むことになる。殺人未遂容疑で逮捕されたうちの1人がトルコに強制送還後に再入国し、再び川口市内で生活していたのだ。

所持金7千円「弁護士やマスコミ連れてくる」

出入国在留管理庁の関係者によると、男は20代で小学生の時にトルコから短期滞在の査証（ビザ）免除措置を利用して来日。事件当時は2回目の難民認定申請中で、他の6人とともに殺人未遂容疑で逮捕された。地検の不起訴処分後、2023年11月に強制送還の処分を受け自主的に帰国したという。

ところが、翌24年5月9日、男性を支援する日本人弁護士から東京出入国在留管理局（東京入管）に対し、男性の上陸許可を求める要望書が出され、男性は同じ日にビザ免除措置を利用して羽田空港へ到着した。

要望書は「殺人未遂事件で負傷した右腕の治療とリハビリを日本で行いたい」「病院の未払い金200万円を支払いたい」などとし、滞在期間を1カ月としていた。しかし、実際の所持金は7千円しかなく、東京入管が上陸拒否したところ、男性は床に寝そべり「帰りたくない」「救急車を呼べ」などと叫んだため、羽田空港内の入管施設へ収容した。

男性はさらに、施設内で食事を拒み、脱水や低血糖の症状が出たことから、東京入管は施設への収容を一時的に解く仮放免を決定、川口市内で再び生活することになった。ところが、東京入管が病院に問い合わせたところ、「治療は不要」との回答だったため、あらためて強制送還手続きを進めることになったという。

男性は6月5日、仮放免者に義務づけられた手続きとして東京入管へ出頭。その場で強制送還を告げられ、同日夜のトルコ航空イスタンブール便に乗せられて送還された。入国警備官が付き添うなどし、帰国費用は国費で賄われた。

その夜には、川口市内などに住む仲間のクルド人ら約20人が東京入管を訪れ、強制送還に抗議する騒ぎが発生、駆けつけた警察の注意で解散したという。

男性は「すぐにまた来る」と話しており、日本に滞在する男性の家族も「すぐに再来日させてやる。弁護士やマスコミを連れてくる」などと話していたという。

入管庁幹部は「根本的な問題はトルコとのビザ免除措置が維持されていること。不法就労や犯罪の当事者だった外国人が、航空券一枚で簡単に日本へ来られる現状が変わらない限り、こうした国境越えの掟《おきて》破りはまた起こり得る」と話している。

「経営者」6割がトルコ国籍　資材置き場周辺でトラブル

川口市など埼玉県南部の解体資材置き場では、ダンプカーなどの頻繁な出入りや作業時の騒音などをめぐって周辺住民の苦情が相次ぎ、複数の自治体で規制の動きが広がっている。資材置き場の実質的な経営者や従業員も外国人が多く、その大半がクルド人という。住民が抗議しても言葉の壁などからトラブルになるケースもある。

川口市などによると、規模の大きな資材置き場の多くは、農地や林が残る「市街化調整区域」にあり、宅地開発などが規制されている。このため、駐車場や資材置き場に転用されることが多く、田畑の地主が解体業者へ売ったり貸したりするケースがあるという。

同市内の資材置き場では１９９０年代から、日本人業者に代わる形で外国人の姿が目立つようになった。肉体労働に加えて粉塵被害などもある「３Ｋ職場」で、日本人労働者が集まらなくなったためだ。

当初は外国人が雇用される形がほとんどだったが、その後、外国人側が独立するなどして経営に関わるようになり、従業員も全員が外国人という業者も増えた。このため住民から騒音などの苦情が出てもコミュニケーションが取れず、トラブルにつながるケースが多くなったという。

埼玉県が公表している解体工事業者の登録名簿によると、2023年8月時点で市内に203あった解体業者のうち代表者が日本人の名前は約4割。一部は中国系などとみられるが、約6割は中東系の名前が占めていた。大半がトルコ国籍のクルド人とみられ、中には「株式会社クルディスタン」という社名もあった。

また、市内790カ所の資材置き場のうち市東北部の市街化調整区域にある約40ヘクタールに77カ所が集中。市が一部を調査したところ、テニスコート約22面分の広さとなる約5700平方メートルの土地の登記簿上の地権者は中東系だった。

さらにこの土地は、それぞれトルコ国籍者が代表を務める11業者に分割して貸し出されており、建築申請のない建造物が7棟建てられたり、木が伐採されたり、市の水路が壊されたりする被害も確認されたという。

市開発審査課は「トルコ国籍者の大半はクルド人とみられるが、実態把握は難しい。代表者も実際にはどこまで経営に参画しているのかなど不明な点も多い」としている。

解体資材置き場が集中する地区で午前６時すぎ、住宅地を走るトラック。運転手の男性は携帯電話を使っていた＝2023年８月、埼玉県川口市（画像を一部処理しています）

資材置き場の近くに住む住民は「以前は畑や林が広がる静かな地域だったのに、ここ何年も朝早くから騒音や振動がすごい。業者に抗議したくても、外国人だから言葉もわからず、怖くて何も言えなくなってしまう」。

別の住民は「スクールゾーンもあり、狭い道を何台もトラックが出入りするので、子供たちが危険。砂ぼこりで洗濯物も真っ白になる」と話す。

川口市は、住民の苦情は数年前から把握していたが、違法とは言えないケースも多いため、資材置き場の新設そのものに規制をかけることにした。一定の広さ以上の設置を許可制とする条例を22年7月に施行したところ、新規案件はその後の1年で2件に抑えられた。

一方で川口市内での拡大が難しくなったこともあり、一部の業者は近隣市外に土地を求めるようになった。川口市に隣接するさいたま市と越谷市は24年2月と7月、それぞれ金属スクラップの屋外保管施設の立地を規制する条例を施行した。だが、解体資材置き場を直接規制するものではなく、広い土地を求めるクルド人ら解体業者の流入は続いているという。

クルド人経営者「日本人がやらない仕事」フェラーリ投稿で炎上

解体業をめぐる問題では、解体工事会社を実質経営する30代のトルコ国籍のクルド人男性が取材に応じ、「日本人がやらない仕事をやっている」などと流暢《りゅうちょう》な日本語で語った。男性は難民認定を5回申請中の仮放免の立場で住民票や在留カードもない事実上の不法滞在の状態だ。

男性の会社は資材置き場の集中地区にあり、高い鋼板の壁に囲まれて中の様子はうかが

解体資材置き場が集中する地区。重機が休みなく動いていた＝2023年８月、埼玉県川口市

えない。事務所は黄色い平屋の建物で、壁には「解体工事おまかせください！」と日本語で書かれた看板があった。

取材当時は日系ブラジル人で正規の在留資格を持つ妻が代表を務め、自身は「会長」として実質経営。クルド人ら作業員を20人ほど雇っていたほか、役員や従業員には日本人もいた。

午前６時すぎ、一帯ではトラックや大型ダンプが住宅地の狭い道を頻繁に出入りしていた。行き先は県内だけでなく、関東７都県に及ぶという。

「自分のような会社を頼ってクルド人が集まってくることは否定しない。日本人のやらない仕事を、日本人の業者から安いお金で下請けし、朝５時に起きて夜８時まで働いている」

2002年、先に来日していた父親を頼って入国し、川口市内の小学校へ通ってから20年以上、同市内に在住している。その間、トルコでの政治的迫害を理由に難民申請を4回繰り返したが、認められなかった。

外国人の中には、大使館の使用人やワーキングホリデー、アマチュアスポーツ選手、医療滞在など特殊なケースで「特定活動」として最長5年の在留資格が認められる人もおり、難民認定申請中の外国人にもこの在留資格が与えられることがある。その場合の在留期間は最長5年ではなく、通達により最長1年で、原則としてフルタイムの就労が認められる。

川口市内でも一部クルド人が在留資格を持っている場合があるが、多くはこのケースだ。一方で20年には、クルド人の解体工事会社経営者が、就労が認められていないクルド人を解体現場で働かせたとして県警に摘発される事件もあった。

男性は「仮放免中のため、数カ月に一度、東京入管へ出頭している。不安定な立場だが、仕事は続けられている」と話すが、入管庁によると仮に特定活動で在留が認められている場合でも、会社役員のような雇用する側に就くことは原則認められていないという。

川口市のクルド人をめぐっては、資材置き場周辺のトラブルのほかにも、暴走行為や窃盗、性犯罪も問題化している。

男性は「日本人も中国人もトルコ人も悪さをする人はいる。なぜクルド人だけをやり玉にあげるのか」と憤《いきどお》る一方で、「まるでトルコで生活しているように振る舞うクルド人がいることとも認める」とも言う。

男性は公園のごみ拾いや草取りに参加しているほか、東日本大震災や熊本地震の被災地でボランティア活動もしたと言い、その写真も見せた。

「本当は『難民』として認められたいのではない。日本への『移民』として認めてほしい。日本で家族と暮らし、日本のために役立ちたい気持ちをわかってほしい」

男性は高級車フェラーリを「所有」しており、今回の取材直後、時速170キロ以上で乗り回す動画を交流サイトへ投稿していたとして、「自称難民が高級車を購入」などとインターネット上で批判された。

男性は「投稿したのは3年も前の話だ」と事実を認めつつ、速度超過については「映っているのは自分ではない」と否定した。

「クルド人ならもっと安値で」外国人解体業者　脱税の懸念も

２０２３年9月初め、東京都品川区でビジネスホテルの解体工事をめぐり住民から苦情が相次ぎ、区は請負業者に工事停止を指示した。この騒ぎは「ずさん工事」の事例として朝日新聞などの一部メディアでも報道されたが、背景にある外国人業者の複雑な請負関係や脱税につながりかねない雇用形態などについてはほとんど触れられなかった。

工事は日本企業が中国系業者に発注、さらにトルコ系業者に下請けされ、最終的に現場作業したのはトルコ系クルド人たちだった。

請負業者を所管する埼玉県の調査によると、工事は土地を所有する東京都新宿区の不動産会社が川口市の中国系建設会社へ税込み１３４０万円で発注。この会社が東京都台東区のトルコ人業者へ４５０万円で下請けに出したという。

経営者で20代のトルコ人男性によると、さらに川口市内で解体業を営むクルド人５人に仕事を発注しており、男性は「中国人の会社から工期をせかされ、重機を入れられて危険な工事になった」と話した。

一方、中国系業者は埼玉県の調査に「最近は競争が激しく、この価格でないと請け負えなかった。トルコ人業者があんな危険な工事をするとは思わず、甚大な損害を受けた」と話したという。

発注元の不動産会社は「取材はお断りする」。中国系業者は本社所在地を訪ねたが無人で、名刺の電話番号も通じなかった。品川区によると、工事は中断後に日本人業者が請け負ったという。

問題のホテル解体工事現場。重機が道路側へ倒れそうになっていた＝2023年９月、東京都品川区（読者提供）

品川区などによると、解体されたビルは幅約5メートルの細長い敷地に建つ高さ約18メートルの6階建て。

工期は23年6月1日から9月末までの予定だったが、9月上旬、住民から「現場が危険なことになっている」との通報が相次いだ。区は即日、工事の停止を指示した。

区が調べたところ、コンクリート片などの廃材が現場付近の歩道をふさぎ、隣接マンションとの境のフェンスは廃材の重みでゆがんでいた。さらに、山積みになった廃材の上で重機が傾きながら動いており、今にも道路側へ倒れそうになっていた。

現場近くの飲食店主の男性によると、作業していたのはTシャツに短パン姿の外国人で、ヘルメットもかぶらず、高所で命綱も着けていなかったという。男性は「道路の廃材を注意しようとしても、『ニホンゴワカラナイ』『シャシン、トルナ』と威嚇された。周りの住民も怖がっていた」と話した。

国土交通省によると、全国の解体業者は23年3月時点で約1万8千社あり過去5年で1・5倍に増えた。高度経済成長期の建築物が建て替え期を迎えた影響とされるが、肉体労働に加えて粉塵被害などもあり、日本人が敬遠する仕事として在留外国人に急速に広まったとされる。

ただ、人手不足は深刻で22年度平均の有効求人倍率は全職種の1・31倍に対し解体業は13倍を超える。中でも川口市に約2千人が集住するクルド人の主な生業になっており、市内には解体資材置き場が集中。トラックの過積載など危険な運転も問題化している。埼玉県の解体業の有効求人倍率は全国平均よりも低い約9倍という。

ある外国人解体業者によると、工事を適正価格で取ろうとすると「クルド人ならもっと安値でやってくれる」と断られることが多いという。

今回の規模の工事の場合、元請けの1340万円でも格安とされる。解体業は請負額が500万円未満の場合、都道府県への登録だけで開業できるため、今回の請負額450万円はその基準に合わせた可能性もある。

また、個別の労働者に対しては、雇用関係を結んで賃金を支払うのではなく、「外注」として事実上の下請け扱いにすることが多く、今回もクルド人に対してはそれぞれ外注にしていた。

川口市内でクルド人業者の税務を担当していた税理士関係者によると、給与でなく外注費とすることで、所得税を源泉徴収したり、社会保険や労災に入ったりする必要がなくなるため、相場より安い価格で工事を請け負うことができる。外注された側は「一人親方」

などと呼ばれ、便利に使われることが多いという。

本来は、外注された側が確定申告し、国民健康保険などにも加入しなければならないが、この関係者は「ほとんどが現金手渡しのため、何もしていないと思う。難民申請中で仮放免者のような不法就労の場合はなおさらではないか」という。

23年6月には川口市議会で、外国人の事業主や個人の税金問題が取り上げられ、「脱税ではないか」との指摘も出た。市側は「事業主から税務資料の提出がないことが多く、課税できていない状況だ」と認めざるを得なかった。

「ババア出てけ」クルド人のトラブル続出「素性」わからぬ不安

外国人との共生をめぐっては言葉や文化の壁が大きいとされるが、クルド人など一部外国人の場合、さらに難しい壁がある。彼らの多くは難民申請中で、住民票や在留カードなどもない不法滞在の状態が続いている人もいるため、トラブルを解決しようにも相手の素性がつかめない。警察の介入も難しく、住民が泣き寝入りするケースも目立ち始めてい

クルド人が複数住むアパートの塀には、「ここはごみ捨て場ではありません」との注意書きが貼られていた＝2023年８月、埼玉県川口市

る。

川口市北部の2階建てアパートでは２０２３年4月、クルド人解体業者が借りた2階の3部屋にクルド人家族が相次いで入居した。子供もいるとみられるが、何世帯何人が住んでいるのか不明という。

1階に住む70代の女性は連日、深夜でも大人数で騒ぐ声に悩まされた。たまりかねて警察を呼ぶと、男性から日本語で「ババア出てけ。あなたが出てけば、私が入る。もっと騒いでやる」と威嚇されたという。

近くに住む女性の親族は「警察はすぐ来てくれるが、民事のため翻訳機で注意するくらい。誰が住んでいるか不明なのが、なおさら怖い。女性と同居する姉は障害者で精神的にも不安定になった」。市や市議も仲裁に入り、正式な記録に残っている事案だが、解決のめどは立たず結局、たまりかねた女性が転居せざるを得なくなったという。

地元の不動産業者によると、契約上は正規の在留資格を持つ外国人の名義でも、実際の入居が別人のケースは後を絶たない。さらに「彼らが住むのは古く安い物件が多く、生活保護受給者など日本人の弱者が追い詰められている。同様のトラブルは最近よく聞く」と話す。

「言葉の壁はもちろんだが、姿さえ現さなくなると泣き寝入りするしかない」。川口市に隣接する越谷市の50代男性はそう話す。男性はクルド人の解体業者に貸した農地の明け渡しを求めて、さいたま地裁支部に仮処分を申し立てた。

農地は19年、3年契約で貸したが、賃料はほとんど支払ってもらえなかった。22年には畳の野焼きなどが原因とみられる火災が2度発生、警察官が事情を聴こうとしても、「暖を取っていただけ」と拒否されたという。

さらに地中に廃材などが無断で埋められていたことも判明。そのため裁判に踏み切ったが、業者は話し合いの場には来ず、すでに別の場所へ移っていたという。業者のトラックは農地脇の歩道に放置されたままだった。

川口市内の60代男性は半年前、自宅に乗用車が突っ込み、塀が大破した。隣接の集合住宅に住むクルド人らが代わる代わる使っていた車だった。

しかし、警察に届けても「運転者を特定できない」と言われ、捜査はうやむやになった。その後の調べで車の名義は宇都宮市の女性ということはわかったが、名義変更しないまま千葉県の人物に売られ、さらに外国籍の人物に転売された車両だったという。

男性は「運転していた人も名義もわからなければ、請求しようがない。幸い自宅の保険で修理できたが、人身事故だったらと思うとぞっとする」。

同市内では、クルド人が運転するトラックの過積載やあおり運転なども問題化している。すでに触れたように、21年にはクルド人少年運転のトラックの死亡ひき逃げ事故も発生、住民や市議らが警察に取り締まり強化を求めているが「適切に対処している」と返事があるだけという。

男性宅に乗用車が突っ込んだのと同じころ、クルド人男性とみられるトラック運転手が、職務質問した警察官を罵倒する動画を自らSNSに拡散していたことが話題となった。

警察側の低姿勢過ぎる態度とは裏腹に、男性は威嚇するように日本語でこう叫んでいたが、検挙に至ることはなかったという。

「バカか。在留カードなんか見せないよ。持ってるけど、見せないって決めてるよ。知るか！　バカ！」

ジャーナリストを訴えるクルド人　代理人弁護士は「保守系」

クルド人の男が２０２３年９月、埼玉県警川口署を訪れ、フリージャーナリストの石井孝明氏を「殺す」「ここに死体を持ってくる」などと興奮状態で話し、脅迫容疑で逮捕された。男は川口市内に住むクルド人の30代の自称解体工。石井氏は、一部クルド人と住民の間で軋轢が生じている問題について月刊誌やインターネットなどで記事を書いていた。

調べによると、男は９月26日午後、川口署を訪れ、応対した署員に「イシイタカアキがクルド人の悪口を言っている」「警察は発言をやめさせろ。さもなければ殺す。２週間後、ここに死体を持ってくる」などと興奮状態で話した。

同署は石井氏を間接的に脅したと判断し、脅迫容疑で逮捕。調べに対し、男は殺意について否認したという。勾留請求は認められず、2日後の9月28日、処分保留で釈放された。

男は難民認定申請中で、入管施設への収容を一時的に解かれた仮放免中だった。男の逮捕後、同署にはクルド人と思われる外国人ら数人が集まり、1階ロビーに入ってきたが、署員が対応したところ帰ったという。

脅迫事件のあった埼玉県警川口署

石井氏は「言論活動を続けていく上で大変怖い事案だと思う。早期の強制送還を求めたい」と話したが、男は約1カ月後、さいたま地検が不起訴処分とした。

石井氏をめぐっては24年3月、川口市内などに住むクルド人ら11人が、石井氏のSNSへの投稿で名誉を傷つけられたとして500万円の損害賠償を求める訴えを東京地裁に起こしている。外国人がジャーナリスト個人に対し集団で訴訟を提起するのは極めて異例だ。原告側は、石井氏の投稿について

「事実に基づかない誹謗中傷により、在日クルド人の社会的評価が一方的に低下させられている」などとしている。

石井氏は「自らの迷惑行為で、それを伝えた日本人記者を民事訴訟の形で追い込み、言論活動を封殺しようとする、このクルド人の行為は極めて異様で、言論の自由を脅かすものだ」と訴訟の撤回を求めた上で、「日本社会との共生を求めるならば、争いや記者への攻撃ではなく、日本の法律やルールに従うことを求める」とコメントした。

提訴をめぐって記者会見した「日本クルド文化協会」のワッカス・チョーラク事務局長は「特にSNSで一方的にデマが拡散され、子供がいじめに遭うなどクルド人に大きな被害や影響が出ている。今回訴えた相手はデマ拡散の中心的人物であり、われわれは涙が出るほど苦しい人権侵害を受けている」と訴えた。

また、原告代理人の岩本拓也弁護士は「問題行為を起こしたクルド人がいることも事実だが、すべての在日クルド人が違法行為に及んでいるかのような投稿やテロリストであるかのような投稿は、明らかに度を越している」と話した。提訴したクルド人らの一部も難民申請中で仮放免中という。

この提訴で興味深かったのは、岩本弁護士が「保守系」の弁護士で、自民党の参院議員

記者会見するワッカス・チョーラク氏（左から２人目）、岩本拓也弁護士（左端）ら＝2024年３月、東京都千代田区

らから依頼されたことだった。ネット上などでは、不法外国人の受け入れに賛成したり、外国人の人権ばかりを強調したりするリベラル系ではないかと批判されていたが、「私は保守です」と語る。

東京都内に同姓同名の弁護士がもう一人いるが、岩本氏は豊島区内で開業、ＤＶ防止法などを理由にした「実子連れ去り問題」や物流業界の労働問題が専門で、保守系の全国団体の支部長も務めている。支援している自民党参院議員から「クルド人の話を聞いてくれないか」と依頼されたのがきっかけだったという。

「川口へ行ってみると、無法者とそうでないクルド人が十把一からげに語られていて、まじめに住んでいるクルド人が生きづらい状況になっていた」。代理人を引き受けた理由について「左派系の弁護士に『強制送還はかわいそうだ』などという世論を作られることを避けたい。外国人問題を政治利用されたくなかった」と説明し、「クルド人たちには『無法者のリストを作って警察に提出し強制送還するべきだ』と話している」と語った。

また、政府が進める外国人労働者受け入れ拡大の政策については「反対だ。労働力が足りないからと言って安い外国人労働者を入れると、日本人の平均賃金を下げることになる。治安も悪くなる。そんな日本にしたくない」と述べたが、今回の訴訟については「すべての在日クルド人が違法行為に及んでいるかのような投稿は度を越しているのではないか」と繰り返した。

クルドの祭りに県の公園「テロ賛美」指摘も　県側は謝罪

川口市などに在留するクルド人の団体が、県営公園で民族の祭り「ネウロズ」の2024年3月の開催を計画した。公園を管理する県の外郭団体は「楽器演奏の禁止」を条件に許可する方針を示したが、支援団体などが「ネウロズでは音楽と踊りは一体のものだ」と反発、最終的には県側が謝罪し、楽器使用も含め許可することになった。

支援者らによると、ネウロズはクルド人の新年祭にあたるもので、埼玉県内では約20年前から毎年3月に行われてきた。民族衣装を着た参加者が民族楽器による伝統音楽に合わせて輪になって手をつなぎ踊る。コロナ禍で中断を挟んだが23年3月、さいたま市桜区の県営秋ケ瀬公園で復活した。

祭りを主催する川口市の日本クルド文化協会は、同国の非合法武装組織ＰＫＫに資金提供しているとして23年11月、トルコ政府が「テロ組織支援者」と認定、トルコ国内の資産が凍結された（１３２ページ参照）。例年の祭りではＰＫＫなどの旗が掲げられていたといい、祭りで演奏される民族音楽がテロを賛美する内容との指摘もある。

これに対し、公園を管理する外郭団体の埼玉県公園緑地協会は「公園内ではそもそも楽器演奏を禁止しており、ルールを徹底しただけ」と説明。さらに、「花見客が多い時期で、万一騒動になったら一般利用者や職員の安全を守れない。支援団体には『できれば他の場所で開催してほしい』と伝えた」という。

しかし、支援団体などが反発。同協会は法令や判例にも照らしたが、公園の使用は相当の理由がない限り平等の観点から認めざるを得ない」と条件つきで許可した。23年7月にクルド人約100人が川口市内の市立病院周辺に殺到した事件以降、同協会に「クルド人に県の施設を貸すな」といった電話やメールが複数寄せられるようになったという。

テロ支援団体との指摘についても「認識はしているが、トルコ国内の問題であり日本国内で取り締まりを受けたわけではない。旗についても認識しているが、公園の禁止事項ではない。表現の自由もあり、使用を控えるようお願いレベルで伝えることになる」と話した。

一方で、日本クルド文化協会は、歌詞のテロ賛美との指摘については「日本で言えば軍歌のようなもので、戦いの歌だ。愛国者の歌がテロリストの歌と誤解されている。祭りの音楽も日本で言えば盆踊りのようなものだ」。

支援団体の代表者も「音楽の禁止は公園の使用禁止と同じこと。事なかれ主義だ」と批判したところ、同協会側は「誤解を招いた言い方があった」などと謝罪、これまでにも「音量を80デシベル以下にする」などの条件で許可した例があったことから、今回も同じ条件で、楽器使用も含め許可したという。

謝罪は、双方の協議の際、公園の管理事務所長がクルド人側に「開催してほしくないという前提で話を進めてしまった。誤解を招いた言い方があった」などと頭を下げたという。祭りは予定通り開かれ、大きな混乱はなかったが、公園緑地協会は「公園の利用は地方自治法上、正当な理由がない限り許可を拒んではならないことになっている。今回は協会として速やかに丁寧な対応をする必要があり、他の県営公園の基準に準拠して許可した。今後、基準自体を見直す必要がある」と話した。

同協会をめぐっては23年6月、協会が管理する県営プールでの水着撮影会で「過激な水着やポーズ」が問題視され、協会が撮影会の主催団体に中止を要請。ところが、許可条件が明確でなかったことなどから埼玉県が中止要請の撤回を指導し、協会が一部を取り下げるなど混乱した。

ベルギーでネウロズ後に暴動　在住日本人「現状知って」

欧州ベルギーの地方都市で２０２４年３月24日、クルド人の祭り「ネウロズ」開催後にクルド人とトルコ人の間で殴り合いが発生し暴動に発展。28日にはフランス・パリの国際空港でクルド人が入国警備官らと衝突する事件が発生した。ベルギー在住の日本人男性は産経ニュースにメールを寄せ、「日本で不法滞在状態の人もいるクルド人の行動の背景を知るために、欧州の状況を日本でも報道してほしい」と訴えた。

ベルギー大手紙ヘット・ニウスブラットによると、首都ブリュッセルに近いルーベン市で3月24日、ネウロズの祭りが開かれ、国内外から約5千人のクルド人が集まった。そのうちのグループが同国東部の地方都市にあるトルコ人集住地区へ向かい、クルドの旗やトルコの非合法武装組織PKKのスローガンや写真を掲げてトルコ人を挑発したという。

両者は各所で暴動状態となり、機動隊が出動、大型放水銃などで鎮圧。一連の事件で6人が負傷、1人が逮捕された。

一方、3月28日にはパリのシャルル・ドゴール国際空港で、PKKの著名活動家とされる男がトルコへ強制送還される際、クルド人の集団が送還を阻止しようと入国警備官らとターミナル内で衝突。中東系の男らが警備官らを殴るなどの動画が拡散された。

ベルギーでの暴動のきっかけとなったネウロズは、クルド人の新年祭にあたるもので、埼玉県川口市周辺に集住するクルド人も毎年3月に開催。24年の祭りでは開催場所の県営秋ケ瀬公園を管理する県側が紆余曲折の末、公園の使用を認め、3月20日に開かれた。

メールを寄せたベルギー在住の日本人男性は「ネウロズ後の暴動の翌日には、ブリュッセルにクルド人約2千人が集まってトルコ批判のデモを行い、デモどころか暴動状態になった。地域住民は迷惑している。欧州で今、何が起きているかを日本の人たちも知ってほしい」と訴えた。

10年後はわれわれを理解する日がくる

川口市に在留するクルド人らが働く解体工事の資材置き場をめぐり、近隣住民などからの苦情や要望が2024年7月までの2年間で70件超にのぼることが、市のまとめでわかった。最近では業務に伴う苦情だけでなく、資材置き場で集団で大音量の音楽を流す迷惑行為で警察が出動する騒ぎもあり、クルド人の一人は「日本人の理解が足りない」と話したという。

埼玉県によると、川口市内の解体工事業者は24年8月時点で251社で、1年間で1・2倍に増加。このうち代表者が中東系の名前も約7割に増加し、大半はクルド人とみられる。また、すでに触れたように、市によると市内約８００カ所の資材置き場のうち市東北部の特定の地区の約40へクタールに約80カ所が集中している。

音楽を流す迷惑行為があったのは24年４月末。この地区にある資材置き場にクルド人１００人以上が集まり、20台以上の車両が路上駐車。大型連休の午後に大音量で中東系の音楽を流すなどの迷惑行為が続き、住民が警察へ通報した。音は約１キロ離れた場所でも聞こえ、警察が帰った後も夕方まで聞こえたという。

近くには特別養護老人ホームや小中学校もある。住民からの連絡で市議らも駆けつけ、現場にいたクルド人男性に尋ねたところ「日本でいう盆踊りのようなものだ」と説明。路上駐車については「買い物やトイレにいく車が必要だから、動かせない。邪魔じゃないからいいだろう」と移動を拒んだ。

クルド人らはマイクで叫んだり呼びかけたりもしたため市議が注意すると、日本語を話すリーダー格の男性は「大金をかけて音響施設を用意したので、音は絶対に下げない。音で取り締まりをしてみろ」と言い放ち、こう続けたという。

「いまは日本人の理解が足りないけど、10年後はわれわれを理解する日がくる」

すでに一部触れたように、市や関係者によるとこの地区では十数年前、イラン人が約５

700平方メートルの土地を地主から取得。クルド人らが代表を務める解体業者の11社に分割して貸し出し、周辺にもクルド人らが経営する資材置き場が集まってきたという。以来、廃材などを満載した大型トラックが狭い生活道路を頻繁に出入りし、住宅の壁や縁石が壊されたり、トラックの重みで簡易舗装のアスファルト道路が沈み込み、水道管が破断して水が噴き出したりするなどの被害が出ているという。

市開発審査課によると、集計を始めた22年4月から24年7月末までの2年4カ月の間に、同課に寄せられた苦情や要望は、騒音や振動被害21件、野焼き13件、粉塵被害6件、交通関連5件などで計72件。この地区からの苦情も多いという。

住民の一人は「トラックの荒い運転が怖い。通学路もあり、何よりも子供が心配」。別の住民は「最近はトラックが大型化して、地響きを立てて通るたびに震度4の地震くらいに揺れる。資材置き場のはずなのに、コンクリート殻を破砕する騒音や振動が絶えず、本当に困っている」と話した。

市は22年7月、一定の広さ以上の資材置き場の新設を許可制とする条例を施行した。しかし、業務以外の騒音などは想定外だった。資材置き場が私有地であるため、法的な取り締まりも難しい面があるという。

相次ぐ住民の苦情や要望を受け、奥ノ木信夫市長は24年6月の市議会で「資材置き場で市民の安全を脅かす問題が起きており、市は週2回のパトロールのほか、騒音や振動が確認されたら指導をしている」と答弁。現行の条例改正や、迷惑行為を規制する新たな条例の制定について「可能な限り対応を強化していく」と説明した。

同年7月中旬には、同地区の住民らが市などへ規制の強化や立ち入り調査などを求める陳情書を提出。市は8月1日付で「現在、問題点を確認しており、陳情書の意見も参考にさせていただく」などと回答した。

その後、市は条例改正に向けて作業を開始、25年度中の施行を目指している。

第3章

難民ビザ、仮放免、強制送還

川口のクルド人はなぜ増えたか　きっかけはイラン人

埼玉県川口市に集住し地元住民との軋轢が表面化しているトルコの少数民族クルド人。彼らが川口市に住み始めたのは30年ほど前の平成初め、１９９０年代初頭といわれる。東京に近く、家賃などの生活費が比較的安いことから、先に来日した親族らを頼って相次ぎ来日し、やがて国内最大の集住地になったという。

トルコなどの山岳地帯に暮らすクルド人は「国を持たない民族」と呼ばれ、ドイツやオランダ、カナダなど欧米にも数多く移民している。クルド人問題に詳しいトルコ人ジャーナリストによると、クルド人はトルコ南東部の山岳地帯の出身が多い。１９７０～80年代までは社会、経済的に発展から取り残されてきた地域だという。

「彼らの一部は、山岳地帯の小さな村からいきなり川口へ来るケースが多い。そもそも都市の生活に慣れていなかったり、日本の生活や文化に適応が難しい人がいたりするのは仕方がない部分もある。正直に言って、彼らの中には小学校程度の教育しか受けていない人

日本語、トルコ語、クルド語で「公園内で、夜に大きな声や音を出してはいけません」「ごみはきちんと持ち帰りましょう」と呼びかける看板＝埼玉県川口市

もいる」

　わが国に在留するトルコ国籍者約６千人のうち２千人程度がクルド人とみられ、大半が川口市周辺に集住している。出入国在留管理庁によると、この後に触れる「正規の在留者」やその家族は約１２００人、難民認定申請中で入管施設への収容を一時的に解かれた不法滞在状態の仮放免者は、２０２４年４月時点では約７００人という。

　仮放免者の情報はこれまで、本人が希望しない場合は当該自治体へ通知されず、自治体にとって実態把握が困難だった。このため、自治体から要請があれば入管庁から仮放免者の情報が提供されるよう、24年6月の改正入管難民法施行を機に運用を見直した。

クルド人の来日初期からの支援者、松沢秀延さんによると、川口にクルド人が住み始めたきっかけは、先に来日していたイラン人の存在だったという。

「80年代半ばから、市内の造園会社の下請けで不法滞在のイラン人がたくさん働いており、その中にイラン国籍のクルド人が混じっていた。90年代に入り、彼らを頼ってトルコからもクルド人が来日するようになった」

なぜ、彼らは欧米よりもはるかに遠い日本を目指すのか。先に来日した親族らがいることに加えて理由に挙げられるのが、日本とトルコの間で1958年に取り決められた短期滞在の査証（ビザ）免除措置だ。航空券代さえ負担できれば、パスポート一つで来日し、最長90日の短期滞在の在留資格で入国。3カ月後、難民認定を申請して滞在を継続できる。

先に触れた「正規の在留者」は「特定活動」の中でも「難民認定手続中」という在留資格が与えられた人で、俗に「難民ビザ」と呼ばれる。本来、特定活動は大使館の使用人やワーキングホリデーなど特別な職種に与えられる資格だが、難民申請者にも適用される場合がある。川口市内の正規在留者約1200人の大半もこれにあたり、23年末時点でトルコ国籍者1147人に与えられており、国籍別で最多となっている。

「難民ビザ」は民主党政権時代の２０１０年には、難民申請から６カ月たった申請者に対し一律に就労できるよう運用を変更していた。目的は申請中の自活のためだったが、「申請すれば働ける」と、目的と手段が逆転。10年に全体で約１２００人だった申請はピークの17年には16倍の２万人に急増した。自民党政権下の18年に再び就労を厳しくしたところ、申請は半減した。

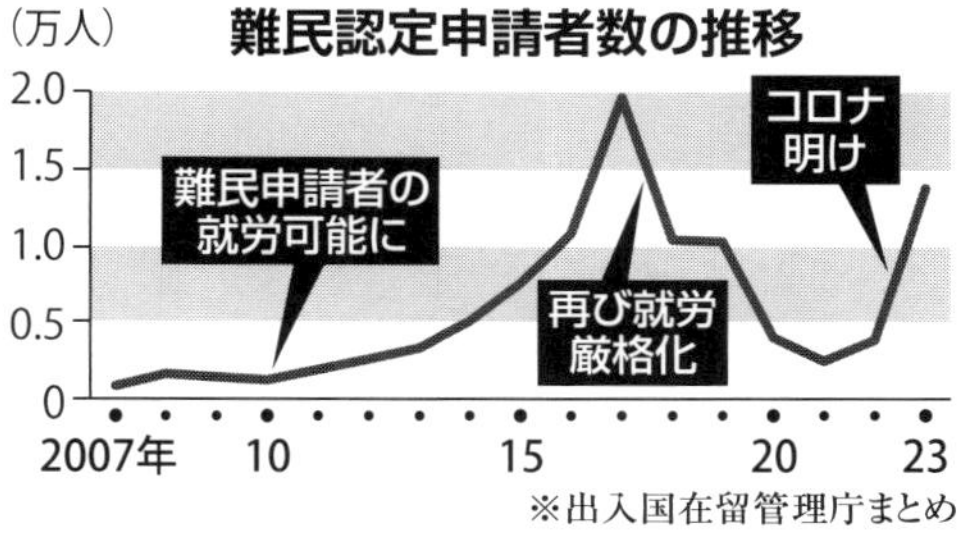

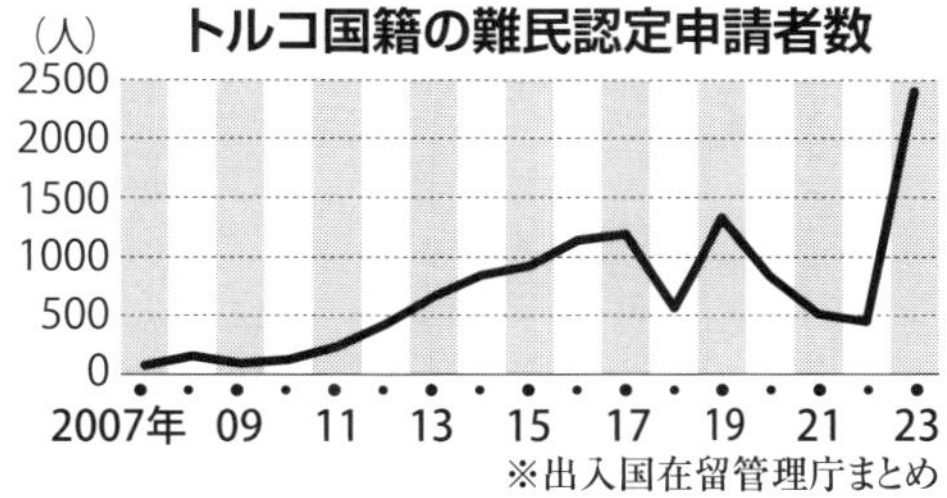

入管関係者は「難民としての認識を持ち合わせないまま、一義的には出稼ぎや定住を目的としていることを強く疑わせる現象だった」と振り返る。

トルコ国籍者も10年の１２６人から17年は１１９５人まで10倍近く急増し、翌年は半減したが、全体の動向とは異なって、その翌年にはまた増えた。その後再び減少したのは、新型コロナウイルス感染症による入国制限のためだった。

そもそも、1982年の入管難民法施行以降、入管当局が当初から難民と認定したクルド人はほとんどいない。明らかになっている唯一の例外は2022年、札幌高裁で難民不認定処分の取り消し判決が確定した1人だけだ。

一方で入管庁は、難民に該当しなかったものの、日本人と結婚して子供が生まれるなど国内の特別な事情を考慮した人道的な見地から、23年までの5年間だけでトルコ国籍者58人に在留を認めている。これは国籍別で最も多く、全体の28％を占める。

難民申請理由に「近隣トラブル」遺産相続や夫婦げんかも

わが国に来日して難民認定申請する外国人はコロナ禍が終わると大幅に増え、2023年は1万3823人となった。前年の3倍超にあたる。これは民主党政権下での運用変更で激増した17年の2万人に次いで過去2番目の多さだ。

20年3月、不法滞在のスリランカ人44人を乗せた民間チャーター機が成田空港を離陸した。44人は、強制退去が決まっても送還を拒否していた「送還忌避者」と呼ばれる20～60代の男女。日本での滞在期間は最長12年の人もいた。

入管庁によると、チャーター機による集団送還は13年から8回行われ、6カ国の計339人が本国へ送り返された。このうちスリランカ人は計100人と最も多い。

スリランカ人は23年までの5年間の難民申請者数でも国籍別で最多の6336人だった。大半がクルド人とみられるトルコ国籍者の5528人も上回る。この間、入管庁が行政訴訟の敗訴などにより難民と認めたスリランカ人は2人だけだった。

南アジアの国スリランカは人口2200万人。09年まで続いた内戦終結後も、19年には日本人も犠牲になった連続爆破テロ事件が起きるなど、観光産業が主力の経済は疲弊、多くの人が職を求めて国を出た。

日本国内に在留するスリランカ人は23年末時点で4万7千人。短期滞在ならビザのいらないトルコ国籍者と異なり、来日に際しては何らかのビザが必要だ。

このため難民申請者の多くは短期滞在ビザや留学、技能実習ビザで来日し、アルバイトや実習で数年間働いた後、在留期間の満了前後に申請することが多いという。

入管関係者は「スリランカ人の間では、来日方法は問わず、まずは日本に入国して難民申請するという『手順』が知れ渡っている。その帰結として送還忌避者も増えた」と話す。

難民申請者はスリランカのほか、トルコ、パキスタン、インド、カンボジアなどのアジアと、アフリカのナイジェリア、コンゴ民主共和国など特定の十数カ国に集中。23年の申請者数は上位5カ国で全体の3分の2、上位10カ国で8割を超えた。

一方で、入管庁が19年、難民申請を認めなかった人の主な申請理由を調べたところ、全体の37%は「本国の知人や近隣住民、マフィアとのトラブル」だった。

他は「本国の治安に対する不安」「日本で働きたい」「遺産相続や夫婦げんかなど親族間のトラブル」「健康上の問題や日本での生活の長期化など個人的な事情」で、難民条約上の「迫害を受ける恐れ」とは無縁な理由ばかりだった。

入管関係者は「申請者の中には、あくまで『日本滞在』が目的で、理由は後から考えるという人も少なくない」といい、アフリカのある国で「部族の王になれと言われて逃げてきた」という人、「のろい殺すと言われたから逃げた」という「呪術難民」もいるという。

「共通するのは、自分の国が嫌いということ。来日して何年かたって難民申請するのは、日本が気に入ったからだ。日本で在留資格を得るすべがないため、難民申請中という地位を得るために申請するケースもある」

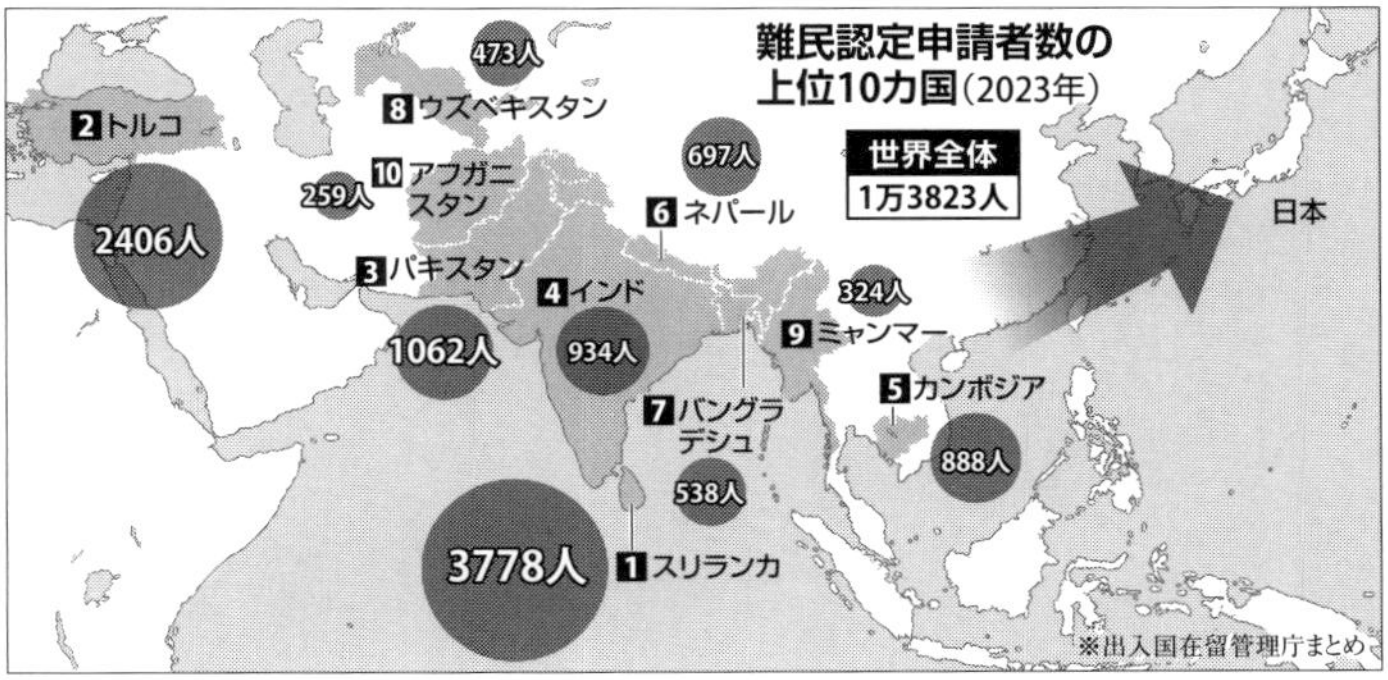

難民申請をめぐっては、04年の入管難民法改正により申請期間が「60日以内」から無期限となった。また、難民申請中であれば強制送還を停止することになり、難民申請を繰り返せばいつまでも日本に滞在できるようになった。

さらに民主党政権だった10年には、難民申請者に就労を認める運用が行われ、その後、申請者の激増を招いたが、同じ10年、法務省入国管理局（現入管庁）は日本弁護士連合会との合意により、弁護士が身元保証人となる場合は、仮放免の許可を柔軟に行うよう通知を出した。

これにより、弁護士の介入が仮放免への「積極事由」として評価されるようになった。弁護士の「信用」があるためだ。逃亡防止のため入管に納める保証金の額も、弁護士がいれば低く抑えられるようになるが、弁護士報酬が必要な場合もあるという。

当時、通知を受けた入管庁ＯＢは「この施策により、収容者が簡単に身柄の拘束を解かれるという期待を抱かせてしまった」と振り返る。

入管庁によると、22年末時点の送還忌避者として国内に残っていた人は4233人。大半は収容ではなく、仮放免されている。最多はトルコ国籍の約600人で、多くはクルド人とみられる。一方で仮放免中の逃亡者も多発しており、3分の1の約1400人が手配中で、前年から倍増した。

弁護士や支援者の中には多数の仮放免者の保証人になり、多くの逃亡者を出したケースがある。入管庁が21年3月までの約7年間を調査したところ、ある弁護士が保証人になった約280人の仮放免者のうち約80人が逃亡、別の弁護士は約190人のうち約40人が逃げていた。

24年6月に施行された改正入管難民法は、収容に代わる「監理措置」を新設。入管が認める場合、弁護士や支援者らが「監理人」として本人の日常を支援し監督することを条件に、社会生活を認めた。

監理人は、仮放免者が不法就労や逃亡した場合、入管庁に報告義務があり、怠ると10万円以下の罰則がある。ただ、これまで保証人になってきた弁護士らは「報告義務があることで、仮放免者との信頼関係が保てなくなる」としており、消極的な意見が目立つ。

「ワタシ、ビョーキ」元東京入管局長が語る収容の実情

不法滞在などで国外退去処分となった外国人を収容する入国管理施設。スリランカ人女性のウィシュマ・サンダマリさんが2021年、収容中に死亡した問題などから批判が絶えないが、実際はどうなのか。元東京出入国在留管理局長の福山宏氏が実情を語った。

「収容者がものを投げる、壁をける、たたく、熱湯をまき散らすなどは日常風景だった」

福山氏は1984年法務省入省。入国者収容所東日本入国管理センターの所長や広島、福岡、大阪の各入管局長をへて2018年から21年まで東京入管局長を務めた。ドイツ留学経験もあり、退職後の23年4月には衆院法務委員会で参考人として入管行政について証言している。

福山氏によると、収容者が施設の規則や警備官の指示を無視することは珍しくない。施設内で暴れて、ものを破壊したり、職員や他の収容者らに危害を加えたりする。糞尿で施設を汚し、多額の被害を出すこともあったという。

入管収容施設は、国内に不法滞在する外国人の身柄を拘束し、国外退去まで一時的に収容する施設。東京入管など全国に17カ所あり、24年12月時点で約５４０人が収容されている。

複数の収容者が寝起きする共同室と単独室には冷暖房やテレビがあり、多目的ホールには国際電話もできる公衆電話がある。もちろん施設の外に出ることはできないが、入浴や洗濯もできる一方、食事や運動など決められた日課に従って過ごし、喫煙や飲酒は禁じられている。

こうした処遇から脱しようと、「健康悪化」などを訴えて、施設への収容を一時的に解かれる仮放免を狙ったとみられる行動が後を絶たないという。

「収容者は次々と自覚症状を訴え、診察希望を繰り返す。『異常なし』との診断に『ソンナコトナイ。ワタシ、ビョーキ』と食ってかかり、医師や看護師に暴言を吐く。やむなく診療を中止すると、活動家らから『診療拒否』『人権侵害』などと非難される」

反対に、担当医が収容者の症状に合わせて治療薬を処方すると、収容者を薬漬けにする「過剰医療」と批判され、「人権侵害」と非難されることもあったという。

数年前には入管施設で「ハンガーストライキ（ハンスト）」と呼ばれる給食の集団拒否

東京出入国在留管理局。上階に収容施設がある＝東京都港区

が頻発した。ただ、ハンストといいながら、差し入れ品や自費で購入したカップめんやポテトチップスなどは大量に食べていたという。

「栄養バランスを考えた給食が数十万円分も無駄になったことがある。一方で、高脂肪、高カロリー、高塩分のジャンクフードの大量摂取により、給食拒否者の半数はかえって体重が増え、高血圧などが心配された」

収容施設は男性区域と女性区域に分かれているが、「体は男性だが心は女性」というトランスジェンダーが収容される際は、本人の希望を聞いた上で、他の収容者への対応にも配慮しているという。

ある「心は女性」の収容者を同じ性的指向の男性数人と一緒に収容したところ、精神的に不安定になったことがあった。精神科医と相談の上、運動の時間だけ本人の希望を受け入れて女性収容者と一緒に過ごさせたところ、改善したケースがあった。

一方、別の「心は女性」の収容者が女性区域内の収容を希望した際は、嫌悪感を抱いた女性収容者や他のＬＧＢＴ収容者が反発。性格が荒く、男性的な生活様式だったこともあり、やむなく女性区域の単独室に収容したところ、一部の国会議員や支援者から「ＬＧＢＴ差別だ」と非難されたという。

これほど困難を伴う施設収容だが、福山氏は収容を解く仮放免は「本当に例外的でなければならない」と強調する。理由は仮放免者の逃亡が多発しているためだ。

入管庁によると、21年3月までの8年間に特定の弁護士や支援者5人が身元保証人となった外国人787人のうち、195人が行方をくらましていた。再犯率の高い性犯罪や薬物犯罪、殺人など新たな犯罪に手を染める例も少なくないという。

「再犯が多いことは職務上、知り尽くしていた。日本にいるべきではないとの法務大臣の決定で強制送還の命令が出ている者を、地方官庁の長の一存で身柄拘束を解いた結果、もし再犯に至ったら、との思いが頭を離れなかった」

福山氏は各地の入管局長時代、仮放免許可を決裁する際、はんこを持つ手が震えたという。

入管庁によると、23年末時点の仮放免者は４１３３人。10年前から１・５倍に増えた。新型コロナウイルスの感染拡大時に感染防止対策から、やむを得ず仮放免を増やした経緯もある。

入管収容施設の居室（出入国在留管理庁のサイトより）

福山氏は１９８９年、留学先のドイツで、外国人労働者を当初は「出稼ぎ」として受け入れながら彼らがやがて家族を呼び寄せ、難民認定制度を濫用するなどして居座った結果、外国人の在留管理が事実上破綻したさまを目の当たりにしたという。

「その当時からドイツの外国人労働者受け入れは失敗であり、ドイツの状況は日本の30年後の姿だと危惧していた。ドイツの二の舞は絶対に避けるべきだと考えていた。最近はそれが当たっているように見えるのが、気がかりだ」

「アバレルヨー」絶叫、放尿、脱糞も　チャーター機2億円超

不法滞在の外国人を集団で強制送還するチャーター機代は、入管庁によると2020年までの8年間で2億円以上かかったという。本来は自己負担が原則だが、送還を拒否している場合は国が負担せざるを得ず、暴れるなどした場合にはチャーター機を用意するという。不法滞在者は素早く祖国に帰すべきだという意見は多いが、諸外国と海を隔てた島国日本では容易ではない。

入管庁によると、不法滞在や犯罪などにより「退去強制令書」を発付した外国人は22年までの10年間で6万9千人。9割ほどは自ら帰国するが、拒否した場合は「送還忌避者」として強制的に帰国させるケースがある。

ただ、島国の日本は移動手段として高額な航空機代が発生する。本人が拒否している場合は国費を使わざるを得ず、付き添いの入国警備官らの旅費も必要になる。

また、一般客も乗る民間機の場合、送還忌避者があえて暴れたり、暴言を吐いたりして

機長判断で搭乗を拒否されるケースも多発。法務省は13年度から同じ国同士の送還忌避者をチャーター機に乗せる集団送還を始め、８年間で計８回実施した。これまでにフィリピン、タイ、ベトナムなど６カ国の計３３９人が対象となったが、クルド人が多く住むトルコやイランは含まれていない。

費用は８年間の累計で２億２５００万円にのぼり、個別に送還したケースも含めると10億円を超える。21年以降はコロナ禍などもあり集団送還は行われていないが、21年は送還された約４１００人のうち約１３００人が国費で、その割合は高くなっている。

送還忌避者をめぐっては、深刻な事例が後を絶たない。入管関係者によると、トルコ国籍の男の場合、搭乗時に突然、「アー、アー」と叫んで暴れ、放尿して抵抗、機長が搭乗を拒否した。１週間後に再度試みたが、男は「アバレルヨー」と大声で宣言して再び暴れ、警備官らが両手足を押さえてようやく帰国便に乗

チャーター機による集団強制送還

	国籍	人数(人)	費用(万円)
2013年 7月	フィリピン	75	1200
12月	タイ	46	2000
2014年12月	スリランカ、ベトナム	計32	3600
2015年11月	バングラデシュ	22	3300
2016年 9月	スリランカ	30	3500
2017年 2月	タイ、ベトナム、アフガニスタン	計43	2500
2018年 2月	ベトナム	47	2400
2020年 3月	スリランカ	44	4000
計6カ国		339	2億2500

せたという。

モロッコ国籍の男は搭乗前に警備官を殴り、別の警備官らが頭を押さえるなどして送還した。こうした様子はすべてビデオに収められている。搭乗後に放尿や脱糞したり、騒ぎ続けたりするケースでも、警備官は左右の座席で帰国先まで付き添うという。

入管庁幹部は「一般機では暴れてもチャーター機ではあきらめる場合が多い。個別送還よりコストが抑えられる面もある」と話すが、仮放免者の中には行方がわからなくなっている者も少なくないため、強制送還そのものが困難な状態が続いている。

本当に帰せるか　法改正も審査には4年

2024年6月に施行された改正入管難民法によって今後、仮放免者はどうなるのか。帰国便で暴れるなど深刻なケースが後を絶たない中、本当に帰国させられるかなど注目される。

「何度も難民申請している『古参』のクルド人男性が、今回の法改正と強制送還の動きに動揺している」と入管関係者は話す。クルド人男性は入管で今回の法改正について説明を受けたという。

改正法施行により、2回目の難民申請まではこれまで通り母国への強制送還が停止されるが、3回目以降は新たに難民と認定するための「相当な理由がある資料」を示さない限り、送還できるようになった。

入管庁によると、2回目以上の複数回申請者は23年で全国に1661人。トルコ国籍が402人と4分の1を占める。複数回申請者全体の8割は2回目の申請だが、3~6回目も計348人いた。

仮放免者が送還対象となった場合、いったん各地の入管にある施設に収容されることになるが、入管関係者は「理由なく出頭に応じない場合は、入国警備官を自宅に派遣するなどして所在を確認することになる」と説明する。

改正法では、収容施設から空港への移送中や航空機内で送還妨害行為に及ぶなど、送還が特に困難な場合は1年以下の懲役か20万円以下の罰金、もしくは両方が科される罰則つきの退去命令を出せるようになった。

一方で、自発的に帰国する場合は、再び日本へ入国できるようになるまでの期間を5年から1年に短縮して帰国を促す。ただ、その際は強制送還の時点で、将来の再入国に必要な在留資格の要件を満たしていることを本人が立証しなければならないなど、厳しい条件を課す。

入管関係者は「送還忌避者を帰国便に乗せるのは本当に難しいが、法律上は帰せることになった以上、しっかりと運用していく」と話す。

鍵を握るのが難民審査の期間短縮だ。入管庁は難民審査の標準的な処理期間として「6カ月」を掲げるが、23年のデータでは実際の審査期間は平均2年2カ月余り。申請中の送還停止が2回までに制限されても、不法滞在状態が平均4年4カ月以上続くことになる。

23年の難民申請者数は1万3823人。これに対して難民調査官と呼ばれる実際に審査にあたる専門職は、兼任を合わせても全国で約400人しかいない。

入管庁は膨大な申請の中から、難民の可能性が高いと考えられる案件を優先的に処理して迅速化を図るが、通訳の確保が難しかったり、大量の提出資料の翻訳や精査に時間がかかったりすることが多いという。

申請者は、難民の可能性が高い人が「A案件」とされ、「B」は明らかに該当しない場合、「C」は正当な理由なく申請を繰り返している場合、「D」はその他の場合に分けられる。ただ、信憑性を判断するため何度も話を聞くケースもあり、マンパワーが追いついていないのが実情だ。

国会で「不法滞在者の帰国までの期間はどう短縮されるのか」と問われた入管庁幹部は「平均処理期間が標準処理期間の6カ月に近づくよう努める。その上で、強制送還についても速やかな実施に努める」と答弁した。

難民申請激増で保護費急増3億円　収入高い「難民ビザ」

難民認定申請者のうち生活困窮者らに国が支給する「保護費」の受給者が2023年度、658人に急増し、委託費などを含む総事業費は前年度の1・7倍の3億2700万円にのぼることが外務省のまとめでわかった。

1人当たりの平均年額は約50万円となる。同省は、難民申請者が1万3千人超に激増したことが影響したとみている。

外務省によると、保護費は1983年に始まった国の措置制度。難民認定の1回目の審査期間中、収入がないなど「生活困窮の度合いが高く衣食住に欠けるなど、保護が必要と認められる」人が対象で、国内の生活保護に準じるものという。生活費のほか、必要に応じて住居費を支給、医療費も原則保険適用内で実費を支給する。

生活費は生活保護の水準を参考に定められ、12歳以上は月額7万2千円、12歳未満は半額。住居費は単身者で月額4万円、一世帯当たりの上限は6万円となる。これにより、支給額の合計は最大で単身者が月額11万2千円、夫婦と子供2人の4人世帯なら同27万6千円となる。

23年度の保護費受給者658人は、前年度の204人から3・2倍に急増。これに伴い保護費も当初予算の2億3100万円では足りず、補正予算に計上して総額3億2700万円となった。

背景には、コロナ明けにより難民申請者が前年の3700人から3・7倍の1万3800人に激増したことがある。外務省は「予算を増やさざるを得ない状況」と説明。24年度の当初予算は前年度を上回る2億5900万円を計上した。

一方で、1万3800人の難民申請者のほとんどは保護費を受給していないという現実もある。多くは難民認定手続中の場合も与えられる「特定活動」の在留資格により、原則フルタイムでの就労も認められているからだ。このため就労目的の来日にもかかわらず難民申請する人が後を絶たない。俗に「難民ビザ」とも呼ばれているものだ。

関係者によると、保護費を受給するよりも「難民ビザ」のほうが多くの収入を得られるため、大半の難民申請者は自活を選択し、難民認定の審査を待つ間に就労しているのが実態という。

入管庁によると、こうした「特定活動」の該当者は23年末時点で5380人。最も多いのはトルコ国籍者で1147人と2割超を占め、大半はクルド人とみられる。クルド人らは家族ぐるみで難民申請しているケースも多く、その場合は両親、特に父親の稼ぎで生計を立てているという。

一方、入管施設への収容を一時的に解かれた仮放免者の場合は、不法就労も少なくない。川口市の奥ノ木信夫市長は仮放免者の就労を可能にする制度の創設を国に要望している。

難民申請者は11年の1800人からピーク時の17年は2万人に激増したが、保護費は11年度から20年度までの10年間、一貫して減少している。

関係者によると、09年5月、外務省の保護費が枯渇し、100人以上が支給を打ち切られたことがあり支援団体などから批判が集まった。これを受けて、同年9月に発足した民主党政権が翌10年4月から難民申請者に一律に就労を認める運用を始めた経緯がある。

その結果、「難民申請すれば働ける」と難民申請が激増する一方、保護費の受給者は減少した。その後、一律に就労を認める運用が18年1月に終了すると、難民申請者自体が一時的に激減したという。

保護費をめぐっては不正受給や虚偽申請も問題化。12年2月には、収入や預金があるにもかかわらず無収入などと偽って保護費をだまし取ったとして、川口市に住むトルコ国籍の工員の男が逮捕された。19年3月には、同様の容疑で千葉県市川市に住むカメルーン国籍のクラブ勤務の女が逮捕されている。

外務省から保護費支給事業を受託する公益財団法人「アジア福祉教育財団」（東京）の難民事業本部は「支給に当たっては受給希望者と面談するなどして審査している」と説明。支給は現金で行われるため、「支給開始後も毎月、保護費を受け取りに来る際に生活状況を確認してから渡している」としている。

英は「ストップ・ザ・ボート」　日本は「難民かわいそう」

不法移民の流入が続く欧米では、どのような手段で彼らを祖国へ送還しているのか。とりわけ同じ島国である英国では近年、英仏海峡をボートで渡ってくる不法移民が激増。「ストップ・ザ・ボート」をスローガンに２０２３年7月には彼らの難民申請を認めないとする法律が成立した。一方の日本では「労働開国」が急速に進みつつあり、不法滞在者をめぐっても一部マスコミなどから「日本は難民に冷たい」などの批判が上がる。二つの島国は今、大きな岐路にある。

英仏海峡の玄関口ドーバーの北30キロほどの場所にあるマンストン村。トウモロコシ畑が広がる田園地帯に鉄条網と監視カメラに囲まれた施設がある。水際で阻止された不法入国者が一時的に移送され、身元調査などを受ける。

入り口に施設の名称などはなく、周囲もカバーに覆われて中の様子はうかがえない。警備犬のほえる声だけが頻繁に聞こえる。近くに住む白人男性によると、一部住民が施設に反対しており、施設の目的はあまり公にされていないのだという。

英内務省の統計によると、英仏海峡をボートで渡る不法移民は22年、4万5千人以上と過去2年間で500%増加。沈没事故もしばしば発生し、23年8月にはアフガニスタン人約60人を乗せた船が転覆して6人が死亡した。数十隻の移民船が一度に集中したための事故だという。

施設は22年2月にできたが、ベッドが不足しジフテリアの感染症が蔓延した。不法入国者はこの施設を経て、処分が決まるまで民間ホテルなどに滞在させるが、その費用は年間30億ポンド（5500億円）という。

近くに住む30代の女性は赤ん坊をあやしながら「よりよい生活を求めてこの国へ来る人は、不法入国でも助けるのが当然と思う」。
一方で、ロンドンから移住した60代の男性は「移民は決して同化しようとしない。イスラム教徒とヒンズー教徒が乱闘を起こすなど好き放題だ。日本も移民を積極的に受け入れようとしているというが、英国の現実を知るべきだ」と話す。

英仏海峡に近い不法入国者の一時収容施設の入り口。施設名などはない＝2023年８月、英南東部マンストン

英国は１９９７年のブレア労働党政権発足を機に移民政策を転換、労働力不足を補うため欧州連合（ＥＵ）域内の外国人を積極的に受け入れた。２０２０年のＥＵ離脱後は、代わってＥＵ外からの外国人が急増した。

その結果、総人口に占める外国人の割合は、日本の２・７％に対し14％。ロンドンでは37％に及ぶ。労働移民が増えるにつれて不法移民も増加し、22年度に送還された人は水際での摘発も含め、日本の10倍の４万人にのぼるという。

島国である英国は、わが国同様、送還に航空機の定期便やチャーター機を使う。大陸側のＥＵ加盟国では、共同の専門機関が送還業務を担っており、海路のフェリーや陸路のバスも使われる。

米国の場合、中米だけでなく海を渡っての不法移民も多く、政府機関が専用機を12機保有し、毎年150カ国以上へ送還しているという。

22年10月に発足した英スナク政権では「ストップ・ザ・ボート」のスローガンを掲げ、不法移民の取り締まりを強化。EU離脱後の深刻な労働力不足に見舞われる中でも、ボートによる密航者の難民申請を認めない法律を成立させたほか、不法移民の雇用者に科す罰金を最高6万ポンド（約1100万円）に、不法移民に部屋を貸した家主に対する罰金を最高5千ポンド（約90万円）に、それぞれ引き上げた。

一方、日本では、「労働開国」が急速に進んでいる。23年6月には熟練外国人労働者の永住や家族帯同が認められる「特定技能2号」の受け入れ対象拡大が閣議決定された。永住外国人が増え続ければ事実上の「移民政策」になりかねないとの懸念は与党内にも強い。英国のように不法移民の増加も懸念される。

強制送還や収容をめぐっては実際に職務にあたる入管庁に対し、「非人道的」「人権無視」などの非難が一部マスコミや人権団体などから相次ぎ、裁判で訴えられることもある。こうした事態に対応するため、同庁では常時監視が必要な不法滞在者と接する様子は必ずビデオに録画している。

元入国警備官は言う。「最近は以前にも増して『かわいそうな難民をいじめるな』という目で見られる。現場は相当疲弊している」

「代々木公園のイラン人」はなぜ激減したか

平成初頭、不法滞在と犯罪という不名誉な行為ばかりが注目された人々がいた。中東から来たイラン人だ。東京の代々木公園や上野公園は彼らの姿で埋まり、変造テレホンカードや薬物の密売が横行した。彼らは日本政府の政策転換の結果、数年後には激減した。

イラン人が日曜ごとに代々木公園に集まり始めたのは1990（平成2）年。92年には一日に6千人が詰めかける日もあり、若い男ばかりがたむろする様子は当局から「蝟《い》集《しゅう》」と呼ばれた。「蝟」はハリネズミを意味し、その毛のように多く寄り集まる状態を表す。

日雇い仕事などの情報交換のほか、磁気情報を不正に改ざんした変造テレカが1枚数百円〜千円程度で売られ、ハシシと呼ばれる大麻など薬物の密売、盗品の貴金属の転売など悪質なものもあった。

当時のイランは78～79年のイラン革命、80年から88年まで続いたイラン・イラク戦争で社会が混乱。ちまたに失業者があふれ多くの若者が国を出た。向かった先は欧米などのほか、当時、空前のバブル景気を謳歌し、黄金の国「ジパング」とさえ呼ばれた日本だった。

日本とイランの間では74年から、現在のトルコと同様、観光目的など短期滞在のビザ免除措置が行われていた。航空券代さえ負担できれば、パスポート一つで来日。ピークの92年には、イランのスタジアムで日本行き航空券の抽選会が行われた。

そのころは難民認定申請ではなく、オーバーステイで不法滞在を続けるケースが多かった。日本人の側も「3K（きつい・汚い・危険）」職場を中心に、人手不足の中で現れた「外国人労働者」を、不法就労と知りながらも重宝がった。

イラン人が急増する少し前の80年代、南アジアの国バングラデシュでは、ガンジス川などの大河の氾濫や洪水が多発。成田空港の入国審査官は当時、水害の1週間ほど後から同国の「観光客」が急増することに気づいた。

イランと同様、バングラデシュとパキスタンも当時、わが国と短期滞在のビザ免除措置

代々木公園に集まるイラン人ら＝1993年、東京都渋谷区

をとっていた。彼らは入国後に入管を訪れ、短期滞在の延長許可を求めたが、申請者は男ばかりで、ボストンバッグの中身は作業服。両手を見るとつめの間に土がたまっていた。「浅草やディズニーランドを観光した。これから沖縄や札幌を観光したい」と、判で押したように同じ申請理由を口にした。

入管庁OBは「バングラデシュ人とパキスタン人は、入管で何時間も居座るようなことが続いていた。ただ、イラン人の場合は申請すら来ず、オーバーステイで不法滞在していた。同じイスラム教徒でも国によって違いがあると思った」と振り返る。

イラン人の不法滞在者は90年の764人から翌91年は14倍の1万人超。ピークの92年は4万人を超えた。

　この年は不法滞在の外国人が国内全体で28万人を記録し、翌93年は30万人で最多を更新。現在の7～8万人などと比べても過去最も多い不法滞在者数だ。

　一方で、政府は89年1月、バングラデシュとパキスタンとのビザ免除措置を一時的に停止した。イランについても91年、来日イラン人による刑法犯や不法就労の急増を受け、警察庁が外務省にビザ免除措置の一時停止を要請した。

　翌92年4月、イランとの友好関係を重視する政治的立場から懸念の声も出る中、一時停止が正式に決定し、ビザの取得が義務づけられた。

　この結果、イラン人の不法滞在者は92年の4万人から翌年は2万8千人に激減。2001年には4千人と、ピークの10分の1まで減った。

　代々木公園と並んでイラン人が「蝟集」した上野公園。上野動物園に近い地下駐車場の入り口に、「立入禁止」と書かれた古び

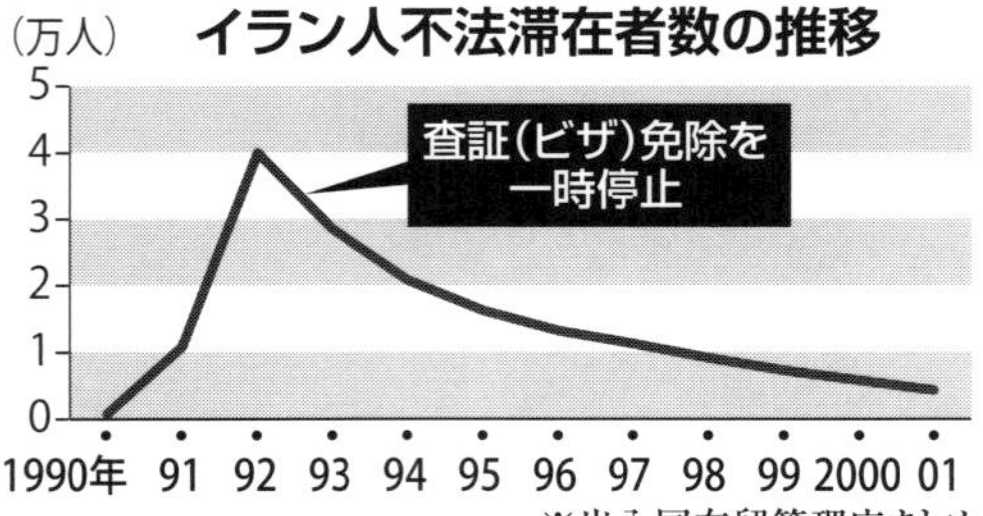

※出入国在留管理庁まとめ

日本語とペルシャ語で「立入禁止」と書かれていた上野公園の看板（左、グーグル・ストリートビューから）と、ペルシャ語の部分が隠された現在の看板＝2024年４月、東京都台東区

「短期滞在」の査証（ビザ）免除国・地域
【アジア】インドネシア、シンガポール、タイ、マレーシア、ブルネイ、韓国、台湾、香港、マカオ
【欧州】アイスランド、アイルランド、アンドラ、イタリア、エストニア、オーストリア、オランダ、キプロス、ギリシャ、クロアチア、サンマリノ、スイス、スウェーデン、スペイン、スロバキア、スロベニア、セルビア、チェコ、デンマーク、ドイツ、ノルウェー、ハンガリー、フィンランド、フランス、ブルガリア、ポーランド、ベルギー、ポルトガル、北マケドニア、マルタ、モナコ、ラトビア、リトアニア、リヒテンシュタイン、ルーマニア、ルクセンブルク、英国
【北米】米国、カナダ
【中南米】アルゼンチン、ウルグアイ、エルサルバドル、グアテマラ、コスタリカ、スリナム、チリ、ドミニカ共和国、パナマ、バハマ、バルバドス、ブラジル、ホンジュラス、メキシコ
【大洋州】オーストラリア、ニュージーランド
【中東】アラブ首長国連邦、イスラエル、カタール、トルコ
【アフリカ】チュニジア、モーリシャス、レソト

（外務省サイトより、2024年4月1日時点）

た看板が残る。看板の下半分は、何かを封印するように別のプレートで覆われており、そこにはイランの言葉、ペルシャ語で「立入禁止」と書かれていた。

現在、わが国は世界71カ国・地域に対して短期滞在のビザ免除措置を行っているが、一時停止が行われたのは、これら3国のみ。激変する国際情勢の中でも、3国との関係が特に悪化してはいない。

一時停止は、いずれも30年後の現在も続いている。これらの政策転換が行われた陰には、友好関係を重視する外務省との調整に尽力した同省出身の入管幹部の存在があったという。この幹部は「気骨の役人」として入管庁関係者の間で今も語り継がれているが、すでに亡くなっており、詳細を聞くことはできなかった。

川口のクルド人団体をトルコ政府がＰＫＫ支援者認定

クルド人をめぐっては避けて通れない団体がある。トルコの非合法武装組織「クルド労働者党（ＰＫＫ）」だ。トルコ政府は２０２３年11月、川口市に在留するクルド人の団体

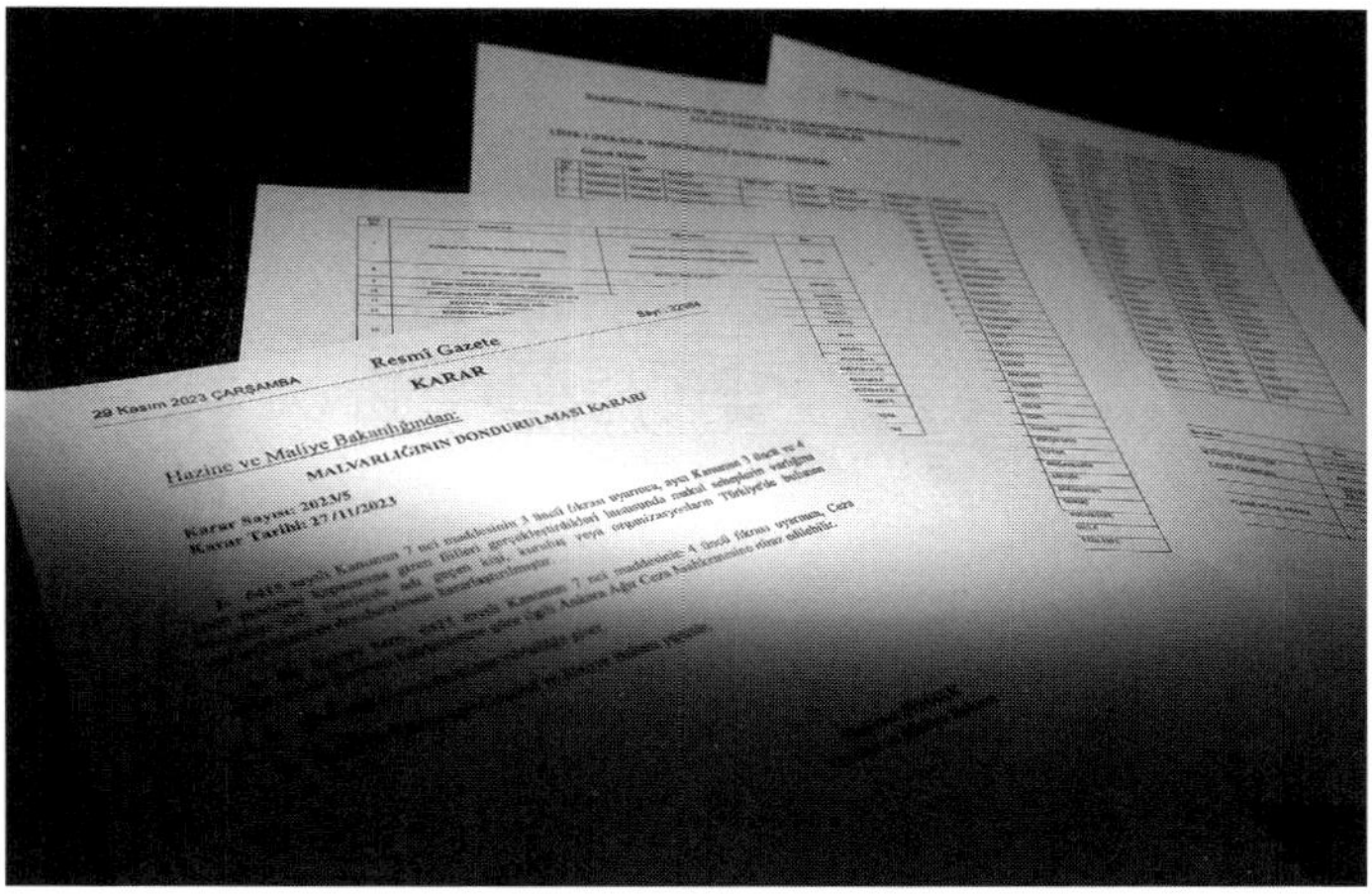

トルコ政府による「テロ組織支援者」の資産凍結決定書

「日本クルド文化協会」と同協会の代表者らについて、「テロ組織支援者」に認定、トルコ国内の資産凍結を決定した。ＰＫＫへの資金提供が理由とされる。同協会は23年2月のトルコ地震の際、日本国内で募金活動を行い、約４千万円を集めたという。

ＰＫＫは「クルド人国家の樹立」を掲げて１９８４年に武装闘争を開始、90年以降、国内各地でテロを引き起こしてきた。

２０２３年10月には首都アンカラの内務省前で自爆テロを起こし、警察官２人が負傷した。24年10月にはアンカラ郊外の大手防衛企業が襲撃され、27人が死傷。ＰＫＫの軍事部門が犯行声明を出し、トルコ軍がイラク北部とシリア北部にあるＰＫＫの関連拠点を空爆するなど応酬が続いている。

トルコ政府が公式サイトに掲載した官報によると、同国政府は23年11月27日付で、欧州や豪州、日本に拠点を置く62人の個人と20の組織についてＰＫＫへ資金提供するなどしたテロ組織支援者と認定。トルコ国内の資産を凍結する決定をした。

このうち日本国内で対象となったのは、同協会と「赤新月社」という団体の２組織、同協会事務局長のワッカス・チョーラク氏やワッカス・チカン代表理事らクルド人６人だ。

同協会は15年から活動している一般社団法人で、「クルド人、日本人、その他の国民との友好関係の構築」などを設立目的に掲げている。文化交流活動のほか、地域の清掃やパトロールなどを実施。23年11月には埼玉県警や川口市役所などとの合同パトロールにも参加していた。

23年2月に起きたトルコ地震では、川口市内やクルド人経営の飲食店などで募金活動を実施。その際、協会事務所の壁にＰＫＫ創設者とみられる男性が描かれた旗が飾られていると指摘された。

取材に対し、チョーラク氏はメールでの回答にのみ応じるとし、次の文書を送ってきた。

「私達はテロ支援もテロ活動もしていない。在外選挙で私達が支持した政党が、真偽は不明だが、その後PKKを支援したと政府は言う。投票と駐日トルコ大使館内で選挙立会人を務めた以外の接点はない。以前も米閣僚の資産凍結をしたように現在のトルコは政権に批判的な者へ報復行動をとる。冤罪であり恣意的な資産凍結だと考えている」

募金については「日本の皆様にもご支援いただき約4千万円が集まった。トルコの国会議員を通じて被災地で赤十字のような活動をしている団体に渡されてテント村が作られた。その国会議員から贈られた感謝の動画を当協会のホームページに掲載している。議員と政党からの感謝状が日本政府にも届けられた。日本の皆様に再度感謝申し上げたい」と回答した。

公安庁がPKKを「テロ組織」から除外

トルコ政府が日本クルド文化協会と代表者らをPKK支援者と認定し、資産を凍結した2023年11月、公安調査庁が世界のテロ組織の情勢をまとめた年報「国際テロリズム要覧」の23年版がインターネット上で公開され、波紋を広げた。年報のテロ組織のリストからＰＫＫなどが除外されたためだ。

要覧は、公安庁が１９９３年から発行。22年版までは「主な国際テロ組織等の概要及び最近の動向」の項目に、クルド人国家の分離独立を求めるＰＫＫや、レバノンの親イラン民兵組織「ヒズボラ」が掲載されていた。

ところが、23年版では両組織が項目から削除されていたほか、「世界の国際テロ組織等」の項目ではパレスチナ自治区ガザでイスラエルとの戦闘が続く「ハマス」なども削除されていた。

11月24日に要覧がインターネット上で公開されると、削除に対する疑義が浮上。トルコメディアは「日本のスキャンダラスな決定」「ＰＫＫをテロ組織のリストから削除した」（ハベルバクティィ紙）、「日本は驚くべき決断を下した」（トゥルキエ紙）などと一斉に報じた。さらにトルコ国会では、議員から「40年以上にわたり4万人の同胞を殺害してきたテロ組織」「日本当局の誤った決定を非難する」などと反発の声が上がった。

ＰＫＫ、ハマス、ヒズボラについては米国、英国、欧州連合（ＥＵ）がいずれもテロ組織に指定している一方、国連はいずれも指定していない。

トルコメディアでは、さらに12月1日、中東ドバイで開かれた国連気候変動枠組条約第28回締約国会議（COP28）首脳会合で岸田文雄首相（当時）と会談したトルコのエルドアン大統領が、この問題で不快感を表明したと報道した。日本の外務省は産経新聞の取材に「エルドアン氏から抗議や申し入れはなかった」と回答した。

なぜ削除されたのか。公安庁によると、これまでは海外のシンクタンクの報告書などをもとに掲載していたが、掲載基準について「問い合わせ」などがあったため、23年から国連安保理制裁委員会による「制裁決議の対象組織・関係団体」に準拠したものを記載。結果として、前年版に比べて掲載組織が少なくなったという。誰から問い合わせがあったかについては、「一概にはお答えできない」としている。

一方、イスラム系組織「アルカーイダ」や「イスラム国」（IS）などは国連が指定しているため削除されなかった。

公安庁の不手際は続いた。同庁公式サイトで23年版の年報を掲載したページは11月24日の公開後、12月1日前後に突然、一部ページが真っ白になるなど削除、閲覧停止状態となり、閲覧者の困惑が広がった。

同庁は取材に対し「ハマスやPKKなどに対する日本政府の立場について一部誤解を招

いたための措置だ。現在さまざまな問い合わせがあり、対応を検討中」。いったん公開された政府の公式年報が削除、閲覧停止されるのは極めて異例の事態だった。

同庁は12月6日になって、公式サイトに告知を掲載。《政府の立場について誤解を一部招いたことから、当該ページは削除しましたので、お知らせします》と説明し、《「主な国際テロ組織等」については『国際テロリズム要覧２０２２』の掲載内容を御参照くださ い》として、22年版のＰＤＦをダウンロードするよう案内した。

「国際テロリズム要覧」はその後、24年12月時点で24年版も発行されていない。

公安庁は「まだ発行のめどがたっていない。23年版も諸般の事情で公開を停止しているため、22年版をご覧ください。あまり内容は変わっていません」（渉外広報調整室）と話している。

第4章

絶対に「移民」と言ってはいけない国

運転手に外国人が増えた理由「外国免許切替」は多言語で合格

上越新幹線高架近くの田園地帯に広がる埼玉県警運転免許センター（鴻巣市）。数カ月前に来日した40代のベトナム人女性は２０２３年暮れ、祖国の運転免許を日本の免許に切り替える「外国免許切替」のテストに合格した。

実技は2度目だが、筆記は一発合格。さぞ勉強したのかと聞くと、「問題がベトナム語だったから」。しかも常識的な○×式の10問のうち7問正解で合格する。女性は日常会話も含め日本語はほとんどできなかった。

出入国在留管理庁によると、わが国に在留する外国人は３４０万人を超え過去最多を更新中。「技能実習」や「特定技能」などが伸び、就労目的の中長期滞在者が増えた。

警察庁によると、運転免許保有者も22年までの10年間で１・５倍の１０８万人に増加。在留外国人の免許は日本人と同様、教習所へ通ったり国際免許を取ったりする方法もあるが、近年は「切り替え」が主流だ。22年は新たに全国で5万人がこの制度を使って日本の

神奈川県警運転免許センターの「外国免許切替」窓口。多くの外国人が手続きに訪れていた＝2023年12月、横浜市旭区

公道でハンドルを握れるようになった。

背景には在留外国人の増加に伴い、テストの多言語化が急速に進んだことがある。

警視庁によると、東京都で現行の外国免許切替の制度が始まったのは１９９４年。当初は英語、中国語など７カ国語だったが現在はタイ、トルコ、ミャンマーなど19カ国語に増えた。埼玉でも９カ国語での受験が可能だ。

これは、トラックなどを運転するための大型、中型、準中型免許もほぼ同様だ。祖国で類似の免許を取得していれば比較的簡単に日本での運送業務などが可能になる。準中型以上の切り替えは22年で１５００人、過去20年間で１万２千人にのぼる。

先のベトナム人女性の交付手続きなどを代

行していた日本人支援者の男性によると、地方では受験可能な言語がまだ少なく、埼玉に住民票を移して免許を切り替えるベトナム人もいるという。

男性は「日本の車が右側か左側通行かわからない外国人もおり、最近は教習所で一時的に練習して実技に臨む人もいる。埼玉の教習所は今、ベトナム人がすごく多い」。

少子高齢化の進行で、わが国の15〜64歳の生産年齢人口は急速に減少しつつある。総務省によると1995年の8716万人をピークに2023年は7400万人、40年には5千万人台に落ち込む見込みだ。

日本人だけで労働力を維持するのは難しく、物流業界の「2024年問題」では外国人労働者で穴埋めすべきとの議論がある。個人が自家用車を使って有料で客を運ぶライドシェアも24年4月から一部解禁された一方、中国国籍者による「白タク問題」も表面化している。

「そもそも教習所という制度は日本を参考にした韓国以外では重きが置かれていない。体系的に運転を教えるシステムは日本独特なのです」。千葉市の教習所経営者は指摘する。

欧米なども含め諸外国では、車の運転は知人に教わるなどして自己流で覚えたり、トレーニングコースで練習したりして、「一発試験」に合格すれば取得できるという。

外国免許切替は各国間の相互主義に基づき海外でも同様にある制度だが、十数カ国以上の翻訳を用意するほど外国人に「親切な国」はほとんどない。その上、身分証としても使える日本の運転免許証の信用度は途上国などとは比較にならないほど重みがあるという。

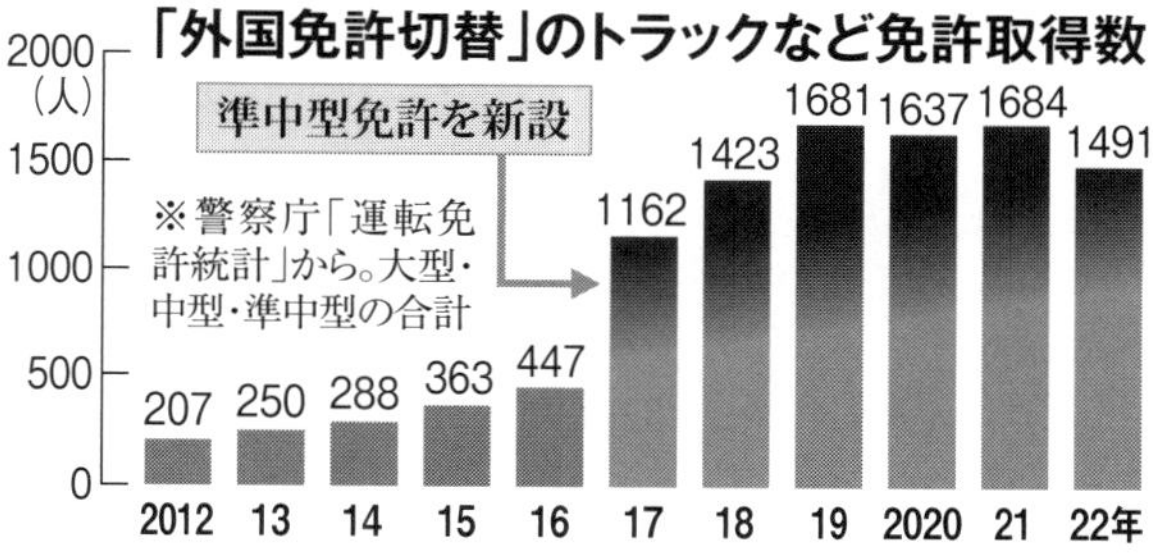

アジアの一部では偽造も横行しており、「免許は買うもの」という悪習すらある。19年には、偽造したネパールの運転免許で約500人分の外国免許切替をしていたとして千葉県のネパール人グループ16人が警視庁に摘発されている。

教習所経営者は「まさに免許ロンダリングです。信用度が高い日本の免許に簡単に切り替えられる制度が悪用されている」と言い、業界団体などを通じて警察当局に制度の見直しを訴えているという。

外国人の運転をめぐっては標識の違いもある。「止まれ」は国際標準の八角形に対して、日本は逆三角形。筆記テストは親切なのに、路上に出れば日本語だけの表記も多い。東京五輪を機に英語を加えた標識に交換が始まったが、「止まれ」だけでも全国に170万本あり、交換には10年以上かかるという。

おばあさんはトルコ国籍者のダンプにひかれ死んだ

ベトナム人女性が埼玉で運転免許を取得した日の3日前、横浜市戸塚区の市道交差点で、自転車で横断歩道を渡っていた70代の女性が左折のダンプカーにひかれて亡くなる事故があった。神奈川県警戸塚署は運転手の埼玉県川口市に住むトルコ国籍の男を自動車運転処罰法違反で現行犯逮捕。男は現場近くの解体資材置き場に空のダンプで向かう途中だった。日本語があまり話せず、取り調べは通訳を介したが、容疑を認めたため釈放されたという。

被害女性は日本舞踊の教室に通っており近所の人は「着物姿が印象的だった。身近な場所で外国人がダンプを運転していたと聞いて驚いた。手荒な運転をしていたとは思いたくないが……」と話した。

女性がダンプにひかれ死亡した現場。花が手向けられていた＝2023年12月、横浜市戸塚区

むろん外国人だけが、外国人だから、事故を起こすわけではない。ただ、こんなデータもある。公益財団法人交通事故総合分析センターの西田泰・元特別研究員らが、運転者が最も過失の重い「第1当事者」となる事故リスクを示した「相対事故率」を調査した結果だ。２０１４年からの５年間にレンタカーを運転した日本人４５２０人と在日外国人３４１人を比べたところ、外国人の事故率は日本人の４倍にのぼる高リスクだった。

西田氏は「外国で運転した経験のある人ならわかると思うが、現地語ができないからといって必ずしも事故につながるわけではない」とした上で、日本と外国の交通安全に対する「意識の差」を指摘する。

戦後、わが国の交通事故死者数は1970年の1万6千人をピークに減少、近年では2千人台で推移している。むろん道路整備や自動車の技術革新などが進んだ側面はあるが、地道な交通安全運動や啓発活動が寄与した成果でもあろう。

さらに日本では、どんなに交通量が少ない交差点でも、あからさまに信号無視をする車は少ないし、対向車同士が互いに譲り合う光景は決して珍しくない。

西田氏は「コロナ禍のマスクがそうだったように、日本人は法律があってもなくても周囲の行動に合わせる。一方で海外ではクラクションは鳴らすのが当たり前、遅い車は追い抜いて構わないと考える国もある。自動車運転とは、その国の文化や習慣が非常に表れる行為だと思うのです」。

入管関係者によると、7万人程度にのぼる不法滞在者や難民認定申請中の仮放免者でも、正規滞在中に取得した免許は免許停止とはならない。そのまま運転免許を所持してトラックを運転し続けている事案は散見されるという。

ただ、その免許を使って働けば入管から不法就労と認定され、スピード違反をすれば警察に摘発されることに変わりはない。ただ所有者不明、無保険など危険な車に乗っていても個別に取り締まるしかないのが実情だ。

入管関係者は「交通警察と入管行政は制度的に紐づけられておらず、縦割り行政と言われても仕方がない。われわれとしては不法就労は警察とも連携して取り締まっている」。都道府県公安委員会も、不法滞在の外国人が窓口に来た場合は警戒するよう努めているが、限界はあるという。

留学生は学生か労働者か　従業員の9割が外国人のコンビニ

東京・赤坂にあるセブン‐イレブンは、同じオーナーが経営する4店舗の従業員60人のうち9割が外国人で日本人は6人しかいない。ネパール、中国、ベトナムなどの8カ国で、半数が大学や日本語学校に通う留学生だ。

オーナーの男性は脱サラして2003年に店を始めたが、人手不足は当初から深刻だった。近くの日本語学校へ何度も足を運び、アルバイトを頼んだ。一人が働き始めると、友達やその友達を誘う。さらに各国とも独自のコミュニティーがあり、SNSなどを通じて知人が集まる。同じ出身国とみられる店員の割合が高いコンビニをよく見かけるのは、そんな事情もあるという。

オーナーは「最近は支払い方法も多様化し、在庫管理から調理、宅配便や振り込みなど仕事が煩雑化した。言葉の壁はあるが、彼らは同じ国の先輩に教わりながら難なくこなしている」。

同胞がいるからこそ仕事の飲み込みも早くなり、無断欠勤も少なくなる。さらに彼らの多くは「日本語を学びたい」という意識が強く、工場のような寡黙な作業よりも接客業を選ぶ傾向がある。洗練された日本のコンビニのユニホームは「かっこいい」という憧れも大きいという。

一方でこんな例もある。千葉県内でコンビニ3店舗を経営する男性オーナーによると、数年前、店のトイレの床がびしょ濡れになる騒動が続いた。髪の毛も散乱しており、ネパール出身の留学生で20代の男性店員が体を洗っていたとわかった。

以前にはウズベキスタンから来た留学生で20代の女性店員にレジから現金30万円以上を持ち逃げされた。防犯カメラに一部始終が写っており警察に通報したが、すでに出国していたという。

それでもこの店が今も留学生を雇っているのは、「日本人が集まらない」からに他ならない。叱るとすぐに辞めるし、決められたシフトを守れないのも大半は日本人。人手不足は特に深夜から早朝が深刻という。

オーナーは「お金がなく意欲のある日本人でさえ夜間は決して入らない。だから大抵のコンビニは深夜のシフトは外国人ばかりになる。彼らに頼れないようになるなら店を閉めるしかない」。

コンビニ業務は「単純労働」に当たる可能性があり、外国人の単純労働を原則として認めていないわが国では雇用できない。そのため本来は就労制限のない「永住者」や「日本人の配偶者等」などの在留資格者に限られるが、留学生だけは週28時間までのアルバイトとして許可されている。

国としては「なし崩し的」な雇用は防いできたという立場だが、コンビニ業界では彼らが卒業後も働ける在留資格の導入を求めている。この動きは加速するとみられる。

1600人の所在不明者を出した大学「留学生は日本の宝」

セブン－イレブン、ファミリーマート、ローソンの大手3社によると、全国の計5万2千店の従業員80万人のうち外国人は1割の8万人、都会では3割程度に増える。このうち留学生は6万4千人で国内全体の留学生数の2割超に当たるという。

「もはや外国人の『流入』は避けられず、『治水』して整える時期が来ている。放っておけば逆に偽装留学生や偽装難民の温床になりかねない」と話すのは、セブン系の社団法人「セブングローバルリンケージ」の安井誠氏だ。

業界団体で座長なども務める安井氏らは、留学生が卒業後もコンビニで働ける在留資格を導入するよう国に働きかけている。翻訳業などの専門分野の「技術・人文知識・国際業務（技人国）」ビザにコンビニの店長やリーダー候補も加えようという動きだ。すでに2023年から東京都内のセブンに限って実験的な運用が始まっているという。

留学生をめぐっては文部科学省も24年度から新たな政策に乗り出した。地方大学の留学

東京福祉大学の授業風景。現在は留学生の９割は中国人という＝2023年12月、東京都豊島区

生を念頭に企業のインターンシップなどを積極的に行った上で、地元就職に結びつけようというのだ。

　文科省の担当者は「留学生の多くはいずれ帰国してしまう一方で、地方は少子高齢化で人手不足が深刻だ。将来的には就職した留学生に地域に定着してもらいたい」と話すが、事実上の移民政策につながりかねないという意識はほとんどなかった。

「治水」か、「なし崩し」か――。議論は分かれるが、人材供給源の大学側は中途半端な立場のまま今に至っている。

　19年、所在不明の留学生が3年間で計１６１０人いたことが判明した東京都北区の東京福祉大学キャンパス。国内の日本語学校を出ても大学へ進学できなかった留学生を「研究生」として受け入れたが、増えすぎた学生に業務が追いつかず、連絡すら取れなくなったという。

当時の留学生は、経済的に比較的貧しいネパール、ベトナム、スリランカのアジア3カ国が7割を占めた。当初から就労目的とみられ、大半が現地ブローカーに借金して来日。返済のためにコンビニアルバイトなどに明け暮れ、週28時間の労働上限を超えるケースもあったという。

東京福祉大は現在も私学助成金の全額不交付が続いており、18歳人口が減少する中、大学経営に相当な痛手となった。入学課係長は「授業料の審査を厳格化した結果、こんどは3カ国に代わって裕福な中国人が増えた。お金に不自由していないためアルバイトはせず、自室にこもってゲームなどをしている。教務課は別の意味で出席させるのに苦労している」。

東京福祉大と同じ路線の沿線にある荒川区の宝塚医療大学東京キャンパスは「留学生別科」を持つ。留学生数は関西にある本校と合わせて1700人で日本人学生の1千人よりも多い。

学長企画室長は「少子化で安穏としていられないのは全く事実」と話し、さらにこう続けた。「留学生でも日本人でも学生が１人増えるか減るかはとても大きい。留学生受け入れが経営安定のためであることは否定しない」

40年以上前の１９８３年に「留学生10万人計画」を出して以来、わが国では積極的に彼らを受け入れ、２０１９年度に30万人を達成した。「留学生は日本の宝」。そう訴えた岸田文雄前首相は、「２０３３年までに40万人」の目標を立てた。

逃亡したベトナム人技能実習生「裏金で来日の権利は買える」

埼玉県内に住む40代のベトナム人女性は２０１８年、外国人技能実習生として来日した。貧しい農村出身の女性は千葉県内のクリーニング会社に採用された。工場で大量の衣服を洗ったり、乾燥させたりする単純労働だ。同胞もおり、月収も手取り20万円弱で悪くはなかったが、ほどなく後輩が姿を消し、自身も来日から1年弱で逃げ出した。

女性は「日本人工場長から『なぜこんなこともわからない』と毎日怒鳴られた。『バカ』とも言われた。すごく厳しく、すごくうるさかった」と話す。

技能実習は外国人が最長5年間、日本で働きながら技能を学べる制度だが、厳しい職場環境などが原因で実習生の失踪が相次ぐなど問題化。24年6月、新たな「育成就労」制度を創設する改正入管難民法などが成立した。

新制度は未熟練の労働者を受け入れ、就労しながら「育成」し、即戦力とされる「特定技能1号」の水準に原則3年で育てるというもので、27年にも始まり、技能実習制度は廃止される。

新制度を提言した有識者会議では、こうした職場環境について「人権侵害の疑い」とも指摘したが、技能実習生そのものは年々増えている。入管庁によると23年は35万8千人で中規模都市の人口に匹敵する。それまでの10年間で2・3倍となった。

このうちベトナム人は18万5千人にのぼり1カ国で全体の過半数を占める。失踪者も多く、22年の1年間で約6千人、失踪者全体の3分の2となった。

元警察官でNPO法人「アジアの若者を守る会」の沼田恵嗣代表は「人権侵害や暴力行為はあってはならない」としつつも、一般的な指導や叱責を勘違いする外国人も少なくないという。失踪者らと日常的に接している沼田代表にすれば「中でもベトナム人は打たれ弱いと感じる。日本で働くモチベーションに疑問を抱くことも多いが、仕方のない面もある」。

ベトナムでは実習希望者の多くが渡航費などの通常経費に加えて別途100万円程度の「裏金」を現地の送り出し組織に託している。裏金があれば、その人物を「優秀」として日本側に推薦してくれるという。

「日本語をよく勉強して成績上位でも、裏金がなければ選ばれない。用意できれば、素行が悪くても来日できる。人材が適正に選定されていないのです」。ベトナム政府は、不正な組織の許可取り消しを進めているが、道半ばという。

女性は失踪後、「逃亡先」の群馬県内のアパートで同胞向けの求人サイトを開いて恐ろしくなった。仕事内容は判然としなかったが、感覚的には半分が犯罪ではないかと思った。金銭の運搬などもあり、ブローカーのような人物の書き込みもあったという。その後、群馬県内のパチンコ台工場などで働いたが、精神的に限界を感じて自ら入管当局へ出頭、22年12月に母国へ戻った。現在は身元引受人を頼って再び日本で生活している。

移民と外国人労働者はどう違うのか

厚生労働省によると、２０２２年の外国人労働者数は１８２万人で10年連続過去最多を更新中、10年前に比べ２・７倍に急増した。

欧米が移民を拡大した１９９０年代から、わが国は「移民を受け入れない」ことを〝国是〟として堅持してきたが、「移民」と言わないだけで「外国人労働者」は積極的に受け入れてきた。「軍隊」を「自衛隊」と言い換え、その本質に踏み込まない議論とよく似ている。

30年ほど前に始まった技能実習制度は今後、育成就労制度になってどう変わるのか。最も大きいのは「人材育成・国際貢献」から「人材確保と人材育成」に目的を変更することだ。「実習生」「見習い」とみなしていた外国人を、実際には「労働力」と扱ってきた現状を事実上追認するのである。

また、２０１８年に新設された在留資格「特定技能」と技能実習で職種を統一して新たな選択肢を示すことにもなった。技能実習生も「実習」が終われば、特定技能に移行しやすくなる。

さらに、特定技能のうち熟練技能を要する2号の対象をビル清掃や農業、漁業、外食業などにも拡大、2号は家族の帯同も認められるため、語学などの一定の条件を満たせば一家で永住も可能となる。

もはや、それは「移民」とどう違うのか。「移民」とは、広辞苑によれば《労働に従事する目的で海外に移住すること》である。

有史以来の大きな政策転換について入管行政関係者は「投網をかけるように無制限に労働者を入れれば、玉石混交になる。対して一定の人材を選抜して一人前に育て上げるのは養殖のようなものだ。それを『移民』と呼ぶかどうかは議論の余地がある」。

技能実習に代わる育成就労制度では、一定の条件を満たせば、同じ分野で職場を変える「転籍」も容易になる。これまでは最長5年間同じ職場に縛られていたため、労働者としての人権に配慮した格好だ。

ただ、農林水産業などで多数の実習生を受け入れてきた地方からは不安の声も上がる。最低賃金が高く、生活面でも魅力的な都市部へ人材が流出しかねず、労働者確保が難しくなるためだ。現行制度でも給与面の不満で地方から失踪する実習生は多く、都会の孤独に耐えきれず、同胞同士で反社会的なコミュニティーを形成することも珍しくないという。

ベトナム人らがよく見ている求人サイトも同胞の失踪者らが作ったネットワークだ。彼らをめぐっては、現地語で部隊を意味する「ボドイ」と呼ばれる組織の暗躍も指摘されている。

警察当局によると、その大半は元技能実習生でSNS上には仕事や住居の斡旋に加え、預金通帳や偽造身分証の売買などの記録が公然と記されていた。

ベトナム人実習生らを支援しているNPO法人の沼田さんは「彼らだけがそうだとは言えないが、人が増えれば必然的に犯罪も増える。失踪者に加えて転籍者も都会を目指すようになれば犯罪の構図や地域性も変わってくる」。

警察庁によると、22年に犯罪により摘発されたベトナム人は来日外国人の中でも最多で、全体の3分の1以上の3432人。10年前と比べ中国人が半減する一方、ベトナム人は5倍以上の増加だ。犯罪別では中国人は「詐欺」が最多だが、「侵入窃盗」と「万引」はベトナム人が最も多かった。

運転手は「移民」か「無人」か　日本語力はもう問わない

東京都内の大手タクシー会社「日の丸交通」では２０１７年から業界に先駆けて外国人運転手の採用を始め、現在では27カ国・地域の96人が在籍する。全社員の５％を占める彼らは、タクシーやバスなど旅客を運ぶ車の運転に必要な「第２種運転免許」の合格者たちだ。

同社の採用部長は「タクシー運転手として働きたい外国人は多いが、言葉の壁が厚かった」。

普通車やトラックなどを運転する準中型以上は外国の免許を比較的簡単に日本の免許に切り替えられる「外国免許切替」が主流で外国語での受験機会も広がっているが、２種に切替制度はなく、試験も日本語に限られている。

イタリア出身の40代の男性運転手は滞日16年。日本人と結婚して永住権を持ち、英会話講師をしていたが、新型コロナウイルス感染拡大で休校が増え、21年に転職した。

会話に自信はあったが、日本語の試験は厳しく、マークシートの文章問題90問、イラスト問題5問を50分で解かねばならない。100点満点で合格は90点以上。パスしたのは8回目だった。

「一番大変だったのは漢字だった」と男性は振り返る。運転手を始めてからも方言や日本語独特の言い回しに苦労したという。「国道246号を『にいよんろく』と言われてもわからなかった。バスタ新宿を『バスタ』と言われ、イタリア人だから『パスタ』とからかわれたのかと思った」

同社の外国人合格率は35～40％。西アフリカのガーナ人運転手は83回目で合格したという。ただ、24年4月以降は、この合格率が飛躍的に高まる可能性がある。警察庁が2種免許の外国語受験を認め、20言語に翻訳した例題を都道府県警へ配布したからだ。

背景には人手不足に悩む業界の強い要望がある。法人タクシーの運転手数は23年3月、20万9千人でコロナ前の19年3月に比べて23％減った。厚生労働省によると、運転手の平均年齢は22年で58歳。バスの53歳や鉄道の41歳と比べて高齢化が著しいという。

タクシー業界は国によってもさまざまだ。アジアの一部では「白タク」まがいの運転手が横行している国もあれば、フランスなどではわが国の2種免許のような試験がある。英ロンドンでは地名や施設名の暗記など厳しい試験を通った人しか合格せず、その分、社会的地位も高いという。

将来的には国内で外国語しかできない運転手がハンドルを握る可能性もあるが、警察庁の担当者は「採用するかどうかはタクシー会社側の判断だろう。日本語がまったくできないのなら、普通は雇わないのではないか」。

一方で政府は24年3月、人手不足の業種で働く在留資格「特定技能」の対象にタクシーやバス、トラックの運転手などの「自動車運送業」を追加することを決めた。タクシーやバスは乗客と接する機会が多いとして、他業種より高い日本語能力試験レベルを要件とする。特定技能の2号になれば、家族の帯同や永住も可能になる。

高度成長期に「移民」はいなかった　リベラルは何をしている

少子高齢化の進行で急速に減少している15~64歳の生産年齢人口。2040年には5千万人台に落ち込む見込みだ。その解決策は「外国人労働者」以外にないのか。

栃木県芳賀《はが》町にある本田技研工業の研究施設から白い車が公道に出た。運転席に人は乗っているが、ハンドルは握っていない。信号が赤に変わると、ゆっくり停止、青で走り出し、車間距離を保ちながらカーブもスムーズに曲がった。お手本のような安全運転を、すれ違う車の運転手たちが興味深く目で追っていた。

車はホンダと米ゼネラル・モーターズ（ＧＭ）が共同開発した自動運転の試験車両。赤外線レーザー5個、カメラ16個、ミリ波レーダー21個を搭載し、一部のセンサーが故障しても運転は安全に継続される。

ホンダが目指すのは、現在の自動運転技術で最高の「レベル４」の実用化だ。国内では２０２３年4月、改正道交法の施行で解禁されたばかりだが、中国や米国ではすでに完全無人タクシーが公道を走っている。

わが国はまだ実証実験の段階で、事故責任など法的な側面でも越えるべきハードルがあるが、ホンダは23年10月、国内の先陣を切って無人タクシーサービスを始めると発表した。

計画は26年1月、東京・お台場が舞台となる。国内タクシー会社とも協業して配車から決済までスマートフォンで完結できる仕組みを目指すという。

「自動運転タクシーによる移動サービスは、これまでにない新たな選択肢となる」。ホンダの三部《みべ》敏宏社長は記者会見でそう宣言した。

外国人留学生に労働力を頼るコンビニ業界も、人手不足の解消策としてセルフレジ導入などの技術革新が進んでいる。ローソンでは店員が遠隔からモニター越しに接客する「リモート接客」の実証実験も始めた。

同社の竹増貞信社長は「技術の向上やデジタル化で効率化は図れるが、やはり人が働く部分とのバランスは必要だ。現状では外国人に頼らざるを得ない」と話した。

労働力不足に端を発した「移民推進論」は、このまま進んでいくのか。文化や宗教、言葉の違いから、治安悪化に苦しみ、ようやく移民政策の失敗を認めた欧米から学ぶことはないのだろうか。

青山学院大学大学院の福井義高教授は、経済的視点から「安易な移民推進は自国民の所得を下げるだけで、企業努力を妨げる」と指摘する。先進国で外国人労働者が従事するのは、自国

日本人と外国人の将来推計人口

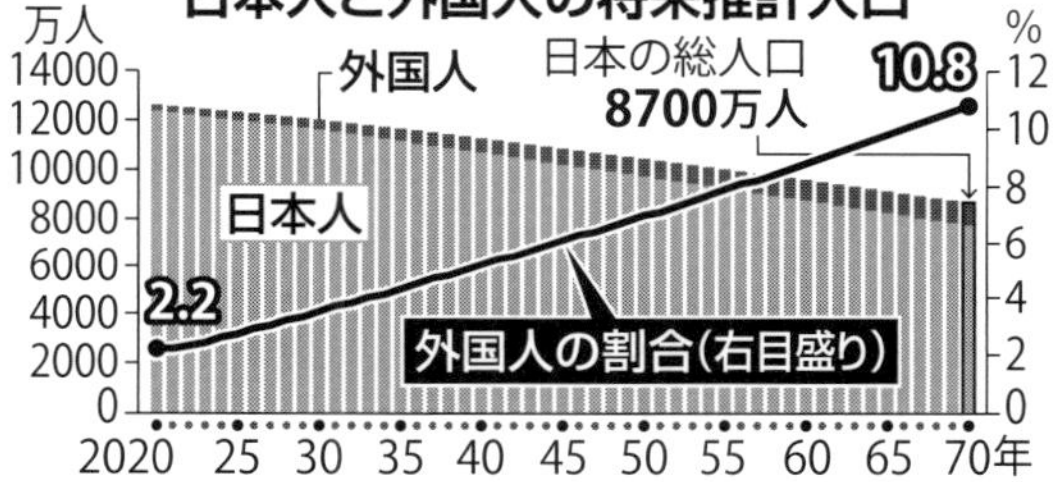

※国立社会保障・人口問題研究所の将来推計人口(令和5年)から作成

民がやらないのではなく、現状の賃金ではやりたくない仕事だという。仮に外国人という選択がなければ、自国民がやりたくなるまで賃金水準は上がり、企業はより一層の技術開発などで乗り切ろうとする、という考え方だ。

安価な外国人が人件費を下げれば、結果的に自国民の賃金も抑えられる。賃金を上げずに人が集まれば企業は努力しなくなる。これは、経営者や株主だけが利益を追求する考え方だ。外国人に頼らず、多くの日本人労働者が生き生きと働いて国力を上げた高度経済成長期は、その正反対の時代だったのではないか。

「本来、弱者の味方であるはずのリベラル層が多様性の名の下に移民政策に積極的であるのも矛盾している。仮にわが国が大量の移民時代を迎えたとしたら、治安や経済も含め本当の弱者は結局誰になるのか」。福井教授はそう指摘した。

第5章

人生を丸ごと引き受ける覚悟はあるか

「神はあなたを殺す」杉並区イベントで外国人が区民に暴言

東京都杉並区が後援し2023年11月に同区内で開かれた在留外国人らとの交流イベントで、参加者の外国人と日本人がトラブルになり、外国人が区民の女性に対し「神はあなたを殺す」などと暴言を吐いていた。区民の女性は「外国人がどんな言葉に反応されるかわからず、怖い」と話した。

イベントは「難民・移民フェス」（同実行委主催）。23年11月4日、杉並区立柏の宮公園で開かれ、主催者発表で約4500人が来場した。民族料理がふるまわれ、参加者はゲームなどで交流したという。

参加した区民の女性によると、イベントの途中で、黒人女性から日本語で「お茶を飲みませんか」と話しかけられた。「どこの国から来たのですか」「ナイジェリアです」などと会話しているうちに、区民の女性が「どうやって日本に来たのですか」と尋ね、外国人女性が「飛行機に乗って来ました」と答えたところ、周囲にいたイベントの運営者側とみら

在留外国人との交流イベントでトラブルが起きた東京都杉並区立柏の宮公園＝2023年11月

れる男性らが「飛行機に決まっているじゃないか」などと間に入ってきたという。

外国人女性はナイジェリアの歴史や現状などを訴え始め、区民の女性が「ＣＮＮなどで知っている」と返答。「飛行機で来たのなら、パスポートは持っているのですね」と尋ねたところ、外国人女性が激高し始めた。「神は一人しかいない」と言ったあと、「神はあなたを殺す」と、大声で３回繰り返したという。

ナイジェリアは人口の５割がイスラム教、４割がキリスト教などといわれる。区民の女性は「会話の流れで尋ねたことに激高され、『殺す』などと一般の日本人なら口にしないことを言われて怖かった」と話し、こう続けた。

「ただ、もっと怖かったのは、周りに集まってきた運営者側とみられる男性たちだった」

トラブルの途中で、区民の女性と知り合いで近くにいた無所属区議が間に入ったところ、男性らが区議を取り囲み、今度は区議と男性らとの間でトラブルになった。

区議が「なぜパスポートの有無を聞いてはいけないのか」と男性らに尋ねたところ、「人にはさまざまな事情がある。プライベートなことを聞くべきでない」と言われたという。

その間、区議は男性らから「差別扇動者は帰ってください」と連呼されていた。区議は「『公の場所に居場所はない』とも言われ、理由を問うと『差別主義者は帰れと言われて当たり前だ』と言われた」と話した。

運営者側とみられる男性らの一人で、立憲民主党所属の区議は、取材を申し込んだところ「主催者と相談する」と話した後、期限までに回答はなかった。

後援した杉並区文化・交流課は「トラブルがあったことは区としても承知している。問題があれば主催者から報告してもらう必要がある」と話した。

この問題は11月開会の区議会でも取り上げられ、区側は「現時点では問題ないと考えている」などと答弁した。

一般質問では、自民党の矢口泰之区議が、イベントを区が後援する際の基準として「政治目的又は宗教活動を有しない」などと要綱で定めているのに対し、イベント当日に会場内で「改悪入管法の廃止デモ」の告知や寄付行為があったことなどを問題視した。

杉並区の岸本聡子区長は、後援に関することはすべて区幹部に答弁させ、文化・スポーツ担当部長が「告知をしたのは主催者でなく一参加者であるなど、ただちに基準に反するとは考えていない」と答弁した。

また、質問ではイベントの際、「参加者同士でトラブルが生じ、区民らに対し『帰れコール』や公園からの締め出し行為が行われるなど、混乱が生じたと報道されている。区民を分断する要素をはらむイベントを区が後援するのはあまりにも浅はかだ」と指摘。「イベントの関連団体が区長の関係者ではないか」「後援を決めたのは区長の指示ではないか」ともただした。

担当部長は「後援の基準を満たすとして決めた」「現時点では区が後援したことに問題はないものと考えている」と繰り返した。

外国人の「殺す」はNG　イスラエルの「大虐殺」はOK

杉並区では2022年6月、立憲民主党、共産党、れいわ新選組などが推薦した岸本聡子区長が187票の僅差で初当選した。区教委の後援で23年10月に開かれたイベント「西荻・平和まつり」（同実行委主催）でも当日の講演資料の中に《区長が変わった。次は議会だ》という表現があるなど、政治的中立性に疑念が持たれるような行為があり、11月になってから後援を事後的に取り消す騒動もあった。

「難民・移民フェス」をめぐっては、参加した外国人が「殺す」などと発言した問題について新たな騒動も起きた。区議会広報紙「区議会だより」新年号で、保守系無所属の田中裕太郎区議が11月の区議会で一般質問した内容の要旨から、「殺す」の文言が削除されていたのだ。一方で、「都政を革新する会」の洞口朋子区議の「イスラエルによるガザ地区での大虐殺について区長の見解を伺う」との質問は、「大虐殺」の言葉がそのまま掲載されていた。

区議会だよりは24年1月1日発行。各会派の年頭あいさつや一般質問の要旨などを各議員の原稿に基づいて掲載している。

田中区議によると、当初の原稿は《参加した外国人が区民を「殺す」と脅迫》としていたが、ゲラ刷り段階の23年12月12日、井口かづ子議長から呼び出され、「新年号にふさわしくない」などと修正を求められた。

田中区議が断ると、後日「区民に誤解を与えるおそれがあるため、副議長、議運の正副委員長と協議して修正した」とする井口議長名の通知を手渡されたという。区議会だよりは《一部の区民を脅迫》として「殺す」が削除され、「一部の」が加えられていた。

田中区議は「私も『殺す』などという言葉を新年から使いたいわけではないが、区民の命にかかわる問題だ。外国人の『殺す』はNGで、イスラエルの『大虐殺』がOKなのも理解に苦しむ。議長以下の対応は言論弾圧であり、議会の自殺行為だ」と話した。

一方、井口議長は取材に対し「イベント時の音声記録を聞いてみたところ、『殺す』という言葉について田中区議の受け取り方に誤解があるようだったので修正した。洞口区議の『大虐殺』については質問内容の通りだった」と説明した。

杉並区議会では岸本区長当選後、23年4月の統一地方選で定数48の議員が16会派に分かれ、過半数を占める明確な区長与党や野党が存在していない。最大会派の自民系でも10人にとどまるなど複雑な議員構成となっている。

井口議長は自民党公認だったが、23年の統一選後、立民や共産などの区長与党側とみられる支持で議長に選出された後、自民系会派を離脱。同年12月に維新系会派入りしていた。

区議会だよりは、区議6人で構成される区議会広報委員会が編集し、区議会が定例会ごとに発行。発行部数は13万部で、日刊紙6紙に折り込んで家庭へ配布するほか、駅の広報スタンドや郵便局などにも置かれている。

外国籍43％の公立小も　日本語指導必要な子供が埼玉で急増

公立の小中高校などに在籍する外国籍の児童生徒のうち、日常生活や授業に支障があり日本語指導が必要な子供の数が埼玉県で急増している。文部科学省の調査を基にした分析によると、全国的にも２０２１年度までの約10年間で１・８倍に増えているが、埼玉県は

日本語指導教室が開かれている教育施設。中国人らが集住することで知られる「芝園団地」に隣接している＝埼玉県川口市

2・6倍。中でも川口市は外国籍の児童生徒数そのものが4・5倍に増えていた。日本語指導が必要な子供は義務教育が終わった後の学習意欲も低いという全国的なデータもあり、教育現場は対応を模索している。

在留外国人の子供は義務教育ではないが、「子どもの権利条約」などに基づき、希望すれば教科書の無償配布を含め日本人と同等の教育が保障されている。

調査は日本語指導が必要な児童生徒の受け入れ状況に関するもので約2年ごとに実施。21年5月時点で外国籍の児童生徒全体の4割に当たる4万8千人に日本語指導が必要だった。人数が多い都府県は愛知、神奈川、静岡、東京、大阪の順だったが、6番目の埼玉は12年度の１１８８人から21年度は３１３３人に急増。上位５都府県の増加率が１・５〜１・８倍、全国平均が１・８倍だったのに対し２・６倍だった。

この調査では、市区町村別は出していないが、川口市で就学中の外国籍の児童生徒数は、市教委の調査では23年５月時点で２７００人。13年の６００人から10年間で４・５倍に増えていた。これは市内の全児童生徒数の６％にあたり、最も割合が多い小学校では全児童のうち43％を外国籍が占めるという。

国籍別では中国籍が68％と最多で、トルコ12％、フィリピン６％。全就学者の９割は正規の在留資格を持っているが、１割は難民認定申請中に入管施設への収容を一時的に解かれた仮放免中などの子供といい、ほとんどはトルコ国籍のクルド人とみられる。仮放免中でも希望すれば学校には通え、実際に同市内では小学生の大半は就学中とみられる。

ただ、中学生になると、日本語の授業についていけないなどの理由から、男子生徒を中心に不登校状態となり、そのまま父親と一緒に解体業などで働くケースもあるという。

23年８月には、市内の大型商業施設に煙幕を出す花火を投げつけて営業を妨害したとして、市内の14歳のクルド人の男子中学生が威力業務妨害容疑で川口署に逮捕された。生徒は「自分が外国人で、店で悪いことをすると自分だけ怒られる。差別されたことに腹が立った」と話したという。

文科省の調査によると、日本国籍で日本語指導が必要な子供を含めた高校生らの中退率は20年度は6・7%で、高校生全体の1・0%と比較して6倍以上だった。大学や専門学校への進学率も高校生全体の73・4%に対し51・8%。中学生の高校進学率も中学生全体の99・2%に対し89・9%と、低い傾向があった。

川口市内では国の基準により42の公立小中学校に日本語指導教員53人が配置されているが、基準に満たない学校にも市が指導支援員を派遣。また日本語が全くできない子供のための教室を運営するほか、23年度からは特に支援が必要な子供が多い5校に支援員を増強した。

市教委は「これで十分だとは現場も私たちも思っていない。日常会話しかできない子供の場合、支援が必要という報告が上がってこないケースもある。外国人保護者との間でも日本語の理解度が壁になりコミュニケーションに苦慮している」と話した。

在留外国人子弟をめぐっては保護者とも「言葉の壁」があるケースが少なくない。日本語学校を運営する「行知学園《こうち》」(東京)の調査によると、全国の小中高校の教員の約半数が、外国人児童・生徒の保護者への対応で「日本の文化や社会・生活様式になじめていない」と感じているという。６割はすでに自分の学級に外国人の子供が在籍しており、「今後も増えると思う」との回答は９割にのぼった。

調査は24年９月にインターネットで実施。全国の小中高校の教員１０１５人から回答を得た。それによると、担任する学級の外国人児童・生徒の人数は「１～４人」42％、「５～９人」22％、「ゼロ」12％の順だった。

外国人児童・生徒への対応で困っていることを複数回答で尋ねたところ、「日本語の授業の理解が困難」32％、「日本文化・生活様式になじめていない」31％、「子供同士のコミュニケーションがうまく取れない」30％などだった。

また、外国人保護者への対応で困っていることは「日本の文化や社会・生活様式になじめていない」が45％で最多。「学校からのお知らせや書類が理解できていない」34％、「子供のことで保護者と連携が取れない」34％など、保護者とのコミュニケーションに困難を感じている現状が浮かんだ。

今後、「自分の学校で外国人児童・生徒が増える傾向にあると思うか」との質問には「やや増えると思う」59％、「とても増えると思う」26％を合わせ、85％が「増える」と回答した。

在留クルド人2世　10代前半で男子は解体業、女子は結婚

女子中学生に性的暴行をしたとして2024年3月、トルコ国籍で自称解体工の20歳の男が埼玉県警川口署に逮捕された。男は難民認定申請中で仮放免中だったことが同署の調べで判明。トルコ生まれ日本育ちの在留クルド人で、事実上の「移民2世」という。

調べによると、男は同年1月13日午後10時半ごろ、川口市内のコンビニ駐車場に止めた乗用車内で、東京都内の10代の女子生徒に性的暴行をしたとして不同意性交の容疑で逮捕された。

同署によると、男は先に来日していた父親を頼って幼少期に来日し、地元の小中学校に通っていた。卒業後は家業の解体業を手伝っていたと供述している。男は父親とともに難民申請中で、入管施設への収容を一時的に解かれた仮放免中だった。自宅はさいたま市内だが、川口市北部の隣接地域だった。

男は自身の運転する車で、SNSを通じて知り合った都内の女子中学生らや、日本人男

性らとドライブに行くことになった。女子生徒らは横浜方面に向かうと考えていたが、車は都内から川口市内へ直行。女子生徒らは車内でスマホを使ってやり取りして逃げ出そうとしたが、犯行現場のコンビニ近くで降ろされ、被害にあった女子生徒だけが車に残されたという。

今、欧州では「移民問題」は2世、3世の問題へと移っている。この事件の数カ月前、川口市に住む同世代のクルド人男子学生に話を聞いた。

「クルド人の若者はどうしてもクルド人同士で集団をつくってしまう」

男子学生は19歳。2歳の時、先に来日していた父親を頼って母親と来日。トルコ生まれだが日本育ちで事実上の「移民2世」だ。一家は難民認定申請中で仮放免の状態が長年続いているという。

市内の市立小中学校、県立高校を卒業し、現在は都内に通学する。クルド語やトルコ語は聞ける程度で、言葉は読み書き含めすべて日本語だ。解体工の父親と、母親は今もカタコトの日本語しか使えず、家庭では込み入った相談事などは通じない。それでも父親が「おまえは日本語を覚えてきちんと学校に行け」と叱咤していたため、学校でも勉強を頑張ったという。

「同世代のクルド人の中には学校にも来ず、日本語ができない人がいる。だから自分はあまりつき合わなかった。彼らが日本語を使うのはコンビニくらいで、いつもクルド人で集まり、クルド人同士で騒いでいた」

川口市内では、2世とみられる若者らによる車の暴走行為やあおり運転が市民に恐怖心すら与えている。市内のクルド人支援者によると、中学生程度の男子が不登校状態になると、解体工などの父親は学校には行かせず、10代前半から自分の手伝いなどをさせるケースが多い。女子の場合は高校へは進学するものの、母親からは「自分は15歳で結婚した」などと早期の結婚を迫られ、社会に出る道を断たれそうになることもあるという。

クルド人のトルコでの主な職業は牧畜や農業、都市部の単純労働だ。親世代も学校教育を受けていないことが多く、教育に意義を見いだしづらい。来日しても祖国の言葉しか使えず、日本語が話せるようになった子供とのコミュニケーションが難しくなることもあるという。

男子学生は「日本人でも教育熱心と、そうでない家庭がある。学校をドロップアウトするか、しないかは結局は親次第だ。僕は学校に行けと言ってくれた父親に感謝している」。

欧州の移民問題をめぐっては23年6月、フランスで大規模な暴動が発生、1週間ほどで

3500人が身柄拘束された。多くはアフリカ系の移民2世や3世だった。スウェーデンでは、中東移民の子供たちがギャング集団を組織。若者同士で抗争するようになり、治安悪化で死者が続出している。

移民1世は努力して祖国へ送金するなど「故郷に錦を飾る」という動機から、貧しい生活でも頑張れた一方、2世、3世は格差や差別の固定化から、不満を募らせることが多いという。

日本では法務省が23年8月、在留資格がない外国籍の子供に法務大臣が裁量で「在留特別許可」を与える方針を示した。強制送還の対象となりながら帰国を拒む「送還忌避者」のうち日本で生まれ、小中高校に通う子供が対象。改正入管難民法が施行された24年6月10日までの時点で263人が対象となり、このうち212人に許可が付与されたほか、その家族183人にも許可が付与された。

こうした家族も含む措置には、「不法滞在する一家の永住を認めるアリの一穴になる」という指摘も出た。法務省は、家族を含めた在留特別許可の付与は今回限りだとしたが、今後も個別事情次第で例外的に認める可能性があるとしている。

男子学生は在日クルド人の若い世代について、「日本の常識がわからない人が多いから問題を起こしてしまう。クルド人は親の言うことはよく聞くので、学校教育だけでなく、本当は親の教育こそが必要だと思う」と話した。

川口クルド人子弟300人に就学援助　市長「国の責任」

埼玉県川口市に集住するクルド人の小中学生のうち、少なくとも約300人が経済状況の厳しい家庭を対象にした就学援助を受給していることが、市教委の推計でわかった。大半は難民認定申請中で仮放免者の子弟とみられる。市は最大で年間2540万円を見込んでおり、国に財政支援を要望している。

就学援助は生活保護を受給する要保護世帯と、自治体が生活保護に近い状態と認定した準要保護世帯が対象。学用品代や給食費、修学旅行費などの義務教育に必要な経費を補助する。

市教委によると、川口市内では2024年4月時点で、全小中学生4万3千人のうち6500人が受給。国籍が受給要件に含まれていないため、国別の状況は調査していない。

今回、仮放免中などのため住民登録がない受給者を抽出したところ、クルド系とみられる児童生徒が約３００人いたという。

市教委によると、就学援助の全項目を支給した場合、年間２５４０万円が見込まれる。ただ、クルド人の子供の中には宗教的な理由や、「口に合わない」などの理由で給食を食べない子供もおり、給食費を考慮に入れない場合の総額は１１２０万円となる。

関係者によると、給食を食べない子供の場合、教師らが心配して弁当持参を勧めても持ってこないケースが多く、水を飲んで我慢したりしているという。

今回の概算は主に仮放免中の家庭だが、市内には難民認定申請中でも「特定活動」という在留資格を与えられているクルド人も相当数おり、受給者の全体像は明らかになっていない。「特定活動」の場合は原則としてフルタイムでの就労が認められる。

また、川口市立医療センターでは、外国人による医療費の未払い金が23年9月時点で過去5年分を中心に約8千万円に上っていた。仮放免中のクルド人も相当程度含まれるとみられる。仮放免者は健康保険に入れず自由診療となることから、高額な医療費を払えずに滞納してしまう現状もあるという。

24年4月13日には、川口市内でクルド人が多く通う市立小などを国会議員や文部科学省職員らが視察。奥ノ木信夫市長は「就学援助費は大きな財政負担になっており、今後ますます増加が見込まれる。国が仮放免を認めている以上、責任を持ってバックアップしてほしい」と訴え、議員や文科省に対し財政支援を求めた。

川口クルド人の「子供率」20％で突出

川口市が、クルド人ら在留資格を持たない外国人子弟への就学援助費を国に求める中、同市内に住むクルド人全体のうち小中学生の割合が約20％を占め、他国出身者に比べてその割合が突出して高いことがわかった。「家族帯同」で難民申請したり、国内で出産したりしたケースもあるとみられる。

市内のクルド人の小中学生が推計約400人とみられることも判明。これまで市はクルド人やその家族の実数など詳細を把握していなかったが、今回、国に提出した要望書を作成する過程で初めて明らかになった。

政府は2024年度から、人手不足の業界で働く在留資格「特定技能」の受け入れを拡大し、５年間で最大82万人の受け入れを見込む。この資格では段階を踏めば家族帯同の永住も可能だが、川口市では難民申請によるクルド人による家族帯同、「移民化」が進んでいる。

埼玉県川口市の「子供率」（小中学生の割合）

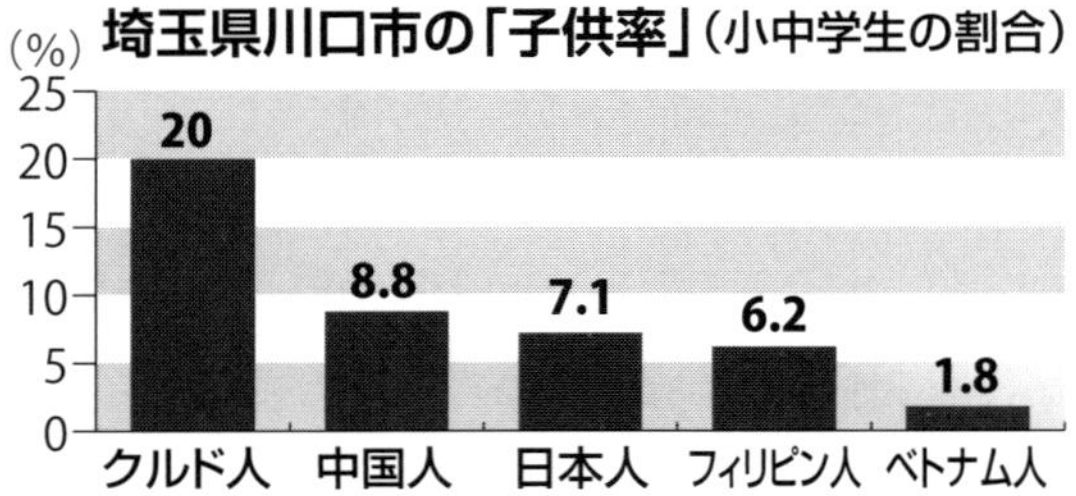

※2024年。市統計書、市教委への取材から推計。数字は概数

市教委によると、市内の外国籍の小中学生は24年４月時点で３１３４人。市教委が公表したデータを分析したところ、国籍別では推計で中国２１３０人（68％）、トルコ４００人（13％）、フィリピン１８０人（６％）、ベトナム90人（３％）の順だった。

一方、市の統計によると、住民登録上の外国人４万３千人の国籍別は中国２万４２００人（56％）、ベトナム４９００人（11％）、フィリピン、韓国・朝鮮各２９００人（７％）、ネパール１５００人（３％）、トルコ１２００人（３％）の順だった。トルコ国籍の大半はクルド人とみられるが、仮放免中で住民登録のない人が別に７００人程度おり、計約２千人と推定される。

この結果、国籍別の小中学生数を国籍別の人口で割った「子供率」は、クルド人の場合約20％となり、国籍別で最多の中国人８・８％と比べても突出して高かった。フィリピンは６・２％、ベトナム１・８％だった。

クルド人の場合は一家で難民認定を申請したり、先に来日した親が子供を呼び寄せたりすることが多く、国内で出産して子供が増えているケースもある。

少子化が進む日本は７・１％で、中国よりも低かった。割合の低いベトナムは技能実習など単身での来日が多いとみられる。

政府は24年度から、家族帯同も可能となる在留資格「特定技能」の受け入れを拡大しているが、欧州では、治安悪化の要因に移民２世、３世の関与が深刻化。格差や差別の固定化で不満を募らせることも多く、「移民問題」は２世、３世との共生の問題へと移っている。

市は、国などへの要望書で「学校生活を円滑に送るためには、日本語の理解だけでなく、保護者も含めてルールやマナー、日本の文化について啓発していく必要がある」と指摘。日本語教育や生活指導への国の支援の充実を求めている。

日系ブラジル人は派遣切りで帰国　偽装戸籍で「孫」1千人も

日本への「移民」としてはクルド人の「先輩」にあたる日系ブラジル人。彼らは日本社会にどう馴染み、また馴染まなかったのか。

彼らの来日は「デカセギ」ブームにより本格化した。日系人とは、かつて中南米などへ移民した日本人の子孫。わが国に定住する「移民」の先駆けとして、一時は30万人を超えた。それは日本人にとって「多文化共生」の始まりでもあった。

日系ブラジル人が多く暮らす愛知県豊田市の「保見《ほみ》団地」。住民6700人のうち外国人が3800人で57%を占める。85%以上はトヨタ関連の工場などで働く日系ブラジル人だ。

現在は穏やかな郊外団地の風景が広がるが、かつては日系ブラジル人らによるごみ出しのルール違反や違法駐車、深夜の騒音などをめぐり日本人住民との軋轢が深刻化していた。

日系ブラジル人が集住する「保見団地」＝愛知県豊田市

１９９９年、一部のブラジル人と右翼関係者のトラブルから大型街宣車が放火され、両者がにらみ合う中で機動隊が出動する騒ぎとなった。住民の一人は「右翼と暴走族が連日『外国人は出ていけ』と叫んでいた。ごみ団地と呼ばれ、最悪の時期だった」と語る。

団地は当初、「多文化共生のモデルケース」とも呼ばれたが、軋轢の時期をへて、現在もなお模索が続く。日本人住民が減る一方、外国人住民は横ばいで推移、２０１７年からは外国人の数が上回っている。

デカセギブームが起きたのは、１９９０年の改正入管難民法施行がきっかけだった。かつて海外に移民した日本人の子孫に「定住者」という在留資格が与えられたためだ。

元法務省入国管理局長で日本大教授も務めた高宅《たかや》茂氏は「日系人の受け入れは、わが国との地縁・血縁的関係を考慮したもので、いわゆる外国人労働者や移民の受け入れではなかった」と説明する。

ただ、在留資格が最長5年で更新可能な上、就労に制限がなかったため、高宅氏は「結果的に多くの日系人が『就労目的の外国人』として来日し、滞在が長期化して『移民化』が起きた」。

背景には、80年代後半のバブル景気による人手不足と、ブラジル側の経済破綻があった。ブラジル側も日系人の日本での就労を後押ししており、日系人の多いサンパウロ州の日系2世の州議会議員が来日し、自民党国会議員らに陳情していたという。

日本ではバングラデシュ人やパキスタン人の不法就労も問題化していたが、筑波大の明石純一教授（移民政策）は「政治的な働きかけかどうかはわからないが、国内での日系人の法的地位を安定させる目的と、日系人のほうが他民族より受け入れられやすいという単純な考え方もあったのではないか」と推測する。

一方で、デカセギブームが過熱する中、日系と無関係のブラジル人やペルー人らが本国の出生証明書や戸籍を偽造し、日系人になりすまして来日する「偽装日系人」が問題化。

２０００年代に大阪入国管理局が調査したところ、これらの偽造により１人の日本人の高齢男性に「子供」が多数いて、こうした記録だけをたどっていくと「孫」が１千人いることになるケースもあったという。

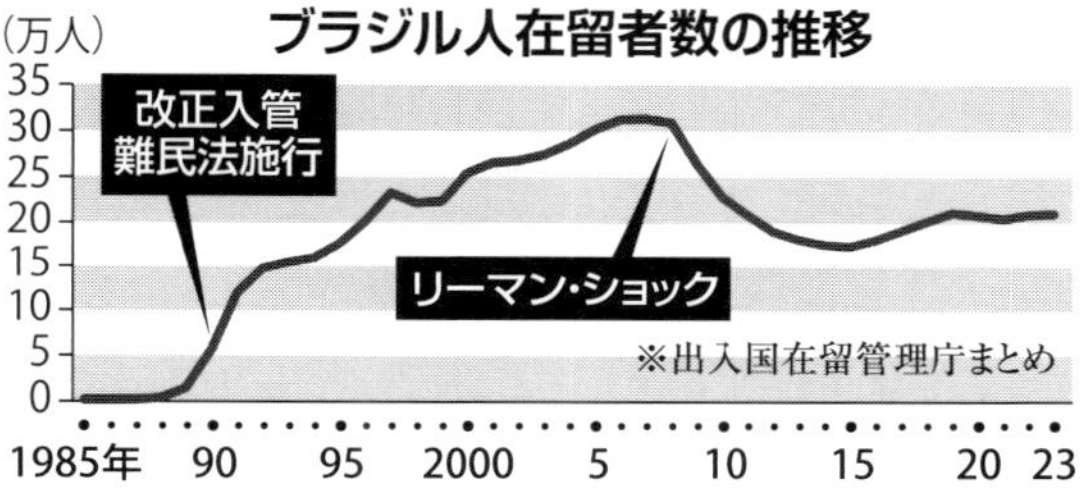

１９９０（平成２）年施行の法整備は、「平成の大改正」とも呼ばれ、現在の外国人受け入れの基本的な考え方にもなっている。まず、それまであった入国時に「永住者」の在留資格を与える規定を削除した。これは過去一度も適用事例はなかったが、永住者の資格を得るには、まず別の在留資格で日本に滞在することを求めるよう整備したのだ。これは、わが国が直接的に「移民」を受け入れないことを明確化したものだ。在留資格制度も整備され、「雇った側」の責任も問われる不法就労助長罪も新設された。

「定住者」として移民化した日系ブラジル人は、保見団地がある愛知県や、浜松市、群馬県大泉町など自動車産業の企業城下町に集住。自治体側は日本語教育や外国語による情報提供など、それまで経験したことのない生活支援に追われるようになった。

入管関係者は「中国人や韓国人は留学などで来日して日本語を学ぶが、日系人は『日本人の子孫』という位置づけのため、学歴や職歴は一切不問の上、極端にいえば日本語を学ぼうとしなくてもいつまでも在留できた」と説明。「初めて日本語の通じない外国人が長期在留する事態が生じてしまった」と話す。

入管当局はこの反省から後年、日系4世を受け入れる際には日本語能力を必須としたというが、ピークの07年に30万人いた日系ブラジル人は次第に減っていった。08年のリーマン・ショックでは、その余波で「派遣切り」にあった人も多かった。日本政府は、職を失い再就職もできなかった日系人を対象に、希望者に30万円の飛行機代を出して帰国を促し、8万人が帰国した。

神奈川県に住む日系ブラジル人2世の男性は「あのとき出稼ぎ目的の人は帰国し、残った者は日本で頑張る覚悟を決めた」と話す。

わが国の在留外国人341万人のうち、日系ブラジル人は21万人。ピーク時は中国、韓国に次ぎ3番目だったが、23年末時点では5番目となっている。

保見団地では20年、多文化共生を目指して描かれた壁画アートが落書きされた。建造物損壊容疑で逮捕されたのは、共生の相手となるはずの日系ブラジル人住民の男だった。男は容疑を否認、その後不起訴処分となった。動機はわかっていない。

昭和末から警鐘　西尾幹二氏「多文化社会、実現したためしない」

２０２４年11月1日に89歳で死去した評論家、西尾幹二氏は、１９９０年施行の改正入管難民法が議論されていた当時の昭和の終わりから外国人の単純労働者導入に慎重論を唱え、89年には著書で「労働鎖国」を訴えていた。テレビの討論番組でも孤立無援の中で問題提起するなど、いち早く、また一貫して「移民問題」に警鐘を鳴らし続けた。

西尾氏の産経新聞への寄稿によると、ヨーロッパの事情に精通する西尾氏が外国人単純労働者の導入に慎重論を唱え始めたのは87年。２年後に出版された『労働鎖国のすすめ』は版を重ねた。当時出演した「朝まで生テレビ」でも他の出演者らの激しい野次が飛ぶ中、淡々と持論を述べ続けた。

当時、「開国派」の有識者は「発展途上国の雇用を助けるのは先進国の責務だ」などと口にしていた。そのとき、ある県庁職員が議会で西尾氏の本を手に、こう訴えたという。「牛馬ではなく人間を入れるんですよ。入ったが最後、その人の一生の面倒を日本国家がみるんですよ。その対応はみんな自治体に降りかかってくる。私は絶対反対だ」

西尾氏は《この人の証言は……私の本がそれなりに役割を果たしていたことを物語っていて、私に勇気を与えた。私は発言以来、不当な誹謗や中傷にさらされていたからである》と振り返っている。

しかし、その後も政府は「外国人労働者」に門戸を開き続けた。2018年には人手不足の業界に「特定技能」という在留資格を新設。23年からは家族帯同の永住も可能になる在留資格へと拡大された。

西尾氏は特定技能をめぐる18年の法改正について、当時の産経新聞への寄稿で《人口減少という国民的不安を口実にして、世界各国の移民導入のおぞましい失敗例を見て見ぬふりをし》たと批判し、こう訴えていた。

《「多民族共生社会」や「多文化社会」は世界でも実現したためしのない空論で、元からあった各国の民族文化を壊し、新たな階層分化を引き起こす。日本は少数外国人の固有文化を尊重せよ、と早くも言われ出しているが、彼らが日本文化を拒否していることにはど

う手を打ったらよいというのか。》

天安門事件で「特別運用」された中国人　悲惨な集団密航

わが国に在留する外国人341万人のうち「最大勢力」は82万人の中国人だ。山梨県などの人口を上回る数で、在留外国人の4人に1人の割合になる。かつては密航者ら不法滞在者による「中国人犯罪」が社会問題化したが、近年は農村出身の技能実習生からタワーマンションに暮らす富裕層まで多様化。永住者が増える「移民化」も進んでいる。

2001年暮れ、大阪南港。貨物船から降ろされたコンテナの扉を警察官が開けると、中国人の男女22人が潜んでいた。「福建省からきた。金を稼ぎにきた」。内部は床一面に毛布が敷かれ、隅には排便用の大型バケツが2個。ジュースの空き缶などが散乱し、食べ物が腐ったような異臭がしていた。

集団密航は1990年ごろ始まり、摘発のピークは97年の73件1360人。大半は中国人で、密航請負組織「蛇頭」の悪名もとどろいた。

入管庁OBは「件数でいえば偽造旅券を使って航空機で来る場合が大半で、漁船やコンテナの密航は少なかった。ただ、彼らは命がけで、気の毒と思えるケースもあった」と振り返る。

OBによると、コンテナ内が高温になり脱水症状で死亡したケースがあったほか、積み荷のバナナが発酵して炭酸ガスが発生、内部の酸素濃度が低下し窒息死した密航者もいたという。

中国人の来日ラッシュが始まったきっかけは80年代の日中両国の政策変更だった。日本政府は83年、「留学生10万人計画」を打ちだし、留学生や、日本語学校で学ぶ「就学生」の受け入れを本格化した。中国では改革開放政策が始まり、海外熱が高まった。

就学生や留学生には学費や生活費の足しにするため、週20時間（現在は28時間）までのアルバイトが認められたため、「日本語学校へ入れば日本で働ける」と日本語学校ブームが訪れた。

一方で、バブル景気が最高潮を迎えた89年、わが国に突然、「ボートピープル」と呼ばれる難民を乗せた船も漂着し始めた。当初はベトナム難民と考えられたが、就学生として来日していた中国人女性から「ボートピープルの中に夫がいる」との申し出があり、入管が調査。漂着した約2800人のほぼ全員がベトナム人ではなく「中国人難民」と判明した。

同じ89年、中国では民主化を求める学生らのデモ隊に軍が発砲、多数の死傷者を出した天安門事件が起きた。現在は日本国籍を取得した評論家の石平氏はその前年、北京大学を卒業後に日本へ留学しており、事件に怒りを感じて祖国と決別した。

中国人密航者が潜伏していたコンテナ内部＝2001年12月、大阪南港

就学生の中には、成績不良で帰国を求められていたにもかかわらず「事件」を理由に残留を主張する者も少なからずいた。入管当局は人道的配慮から、本国の混乱が収まるまで「短期滞在」や「特定活動」の在留資格で特別に在留を認める場

合もあった。

これはその後、難民認定申請者などに対し「本国の事情や情勢」を考慮して当面の間、特別に在留を認める運用の先駆けになったという。

90年代後半からは、不法入国した中国人らによる犯罪が多発、「世界一安全な国」といわれた日本の治安を脅かした。

国内の不法滞在者数は、イラン人らが問題化した93年の30万人をピークに減少に転じたが、一方で中国人は96年に最多の4万人に及び、密航者が正業に就けず犯罪に手を染めるケースが目立った。

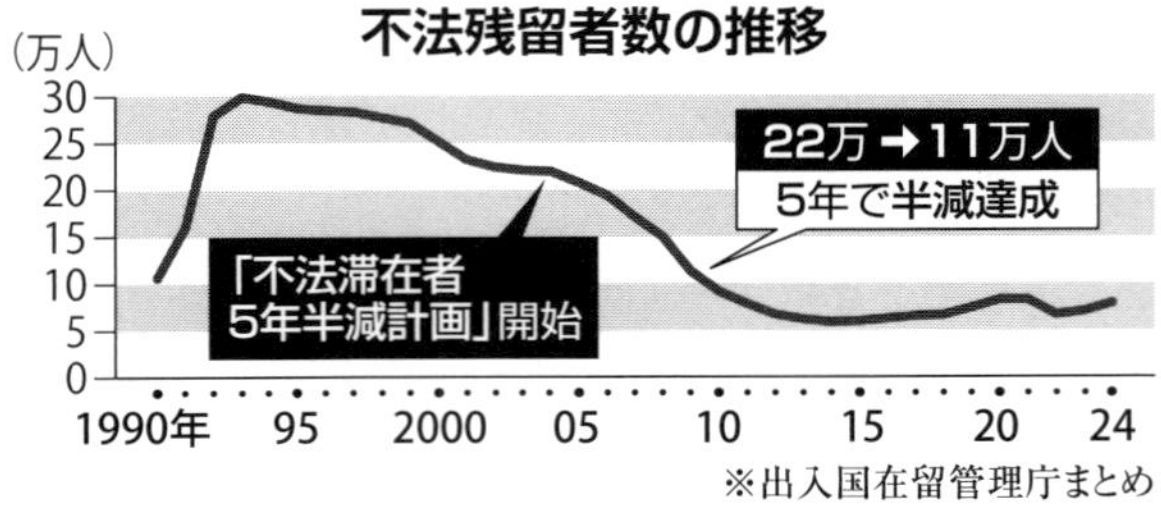

97年には集団密航罪が、99年には不法入国後の在留を処罰するための不法在留罪が新設された。東京都も2003年に石原慎太郎知事が「歌舞伎町浄化作戦」を始め、中国人らを多数摘発した。政府は翌04年から「不法滞在者5年半減計画」を実施、実際に5年間で22万人から11万人に減った。現在は7万人程度で推移し、中国人の不法滞在者も数千人に減った。

都心の外国人増加　タワマンや教育環境求める中国人

わが国が平成の「失われた30年」を過ごしていた間、中国は経済成長を遂げ２０１０年にＧＤＰ（国内総生産）で日本を追い抜いた。一方で１人当たりＧＤＰは世界74位。国内の格差社会化が進み、14億人の国民は所得上位１％が下位50％の全体よりも多くの富を持つといわれる。

日本を目指す中国人も多様化した。農村部から技能実習生が来日する一方、留学生は親も豊かになり、本国からの仕送りでアルバイトをあまりしなくなった。中国人が多く住むことで知られる埼玉県川口市の芝園団地にはＩＴ技術者ら中流層が集住。富裕層はタワーマンションで暮らし、子供をインターナショナルスクールへ通わせる。

東京23区の24年までの５年間の「外国人増加率」は中央区、文京区、千代田区の都心部で急増しているという。これまで「外国人割合」が高い区は新宿、豊島、荒川だったが、タワーマンションなど都心部の住環境や教育環境を求める中国人富裕層の動向が影響しているとみられる。

東京23区各区の人口統計で、24年6月1日時点の人口を5年前の19年6月と比較した。それによると、23区全体で外国人人口は47万5457人から10万人近く増え、57万389人。5年間で1・2倍に増加した。この間、日本人人口は1・0倍と横ばいだった。

増加率が最も高かったのは銀座、日本橋などの繁華街やオフィス街、タワマンの多い臨海部がある中央区で、5年前の7800人から1・5倍の1万1700人に増えた。
2、3位は文京、千代田両区の1・3倍で、いずれも都心の区だった。背景には、国内に在留する外国人341万人の4分の1を占める中国人82万人の動向がある。
中央区は外国人に占める中国人の割合が5年前の42％から51％に増加。文京区は43％から54％に増えた。文京区は東大や国立の小中学校などがあり、教育環境が充実しているとされる。

都内の外国人専門不動産会社の社長は「中央区が増えているのは晴海など臨海部のタワマンが人気のため。文京区は子供をよい学校へ通わせたい親が選んでいる」と話す。

同社が仲介する都心のタワマンの場合、41階の2億1500万円の中古物件を内見に来た25組のうち23組は中国人で、いずれも経営者だった。このうち日本国籍を取得した4人家族はすでにタワマン2戸を所有し、子供のために3戸目の購入を現金で検討。日本語学校の関係者という4人家族は中学生と3歳の子供がおり、目黒区の戸建てからの住み替えを検討していたという。

一方で、区の総人口に占める外国人率をみると、新宿区13％、豊島区12％、荒川区10％の順。新宿区や、池袋のある豊島区は、交通の利便性やネームバリューから依然、中国人に人気が高いというが、目立つのは24年5月に初めて10％を超えた荒川区だ。

同区は日本語学校や、日本語力の低い学生が対象の「留学生別科」を持つ大学が複数ある。最も多いのは中国人の38％だが、韓国人のほか、ネパール、ベトナム、ミャンマーなどアジア各国の留学生らも増えているためとみられる。

中国人は、在留に期限も就労制限もない「永住者」の在留資格を取得する人が増えた。永住者とは、原則10年間わが国に在留した外国人が申請により得られる。

在留するには、留学生が卒業後、日本で就職する際、主に与えられる「技術・人文知識・国際業務」という専門的な在留資格や、日本人と結婚した際の「配偶者ビザ」などが必要だ。

ただ17年からは、より専門的な「高度外国人材」に限っては、申請に必要な在留期間が特例で10年から最短1年に短縮され、中国人のＩＴ技術者らが多く申請しているという。永住者は毎年1万8千人のペースで増加。23年末時点で33万人、在日中国人の４割を占め、事実上の「移民化」が進む。

永住者であっても彼らが外国籍であることは変わらない。中国は２０１０年の国防動員法により、共産党政権が有事と認めた際、海外在住の中国人にも軍務への協力を義務づけている。23年5月には、中国が在外中国人を監視しているなどとされる「海外警察拠点」が日本国内にもあるとみて、警視庁が東京・秋葉原のビルを捜索した。

イスラム教の土葬現場に立ち会う　高齢化する外国人労働者

「異国の地で召された彼にアラーのご加護を」。２０２３年暮れの夕刻、荒涼とした関東平野に広がる埼玉県本庄市の霊園にスリランカ人男性ら90人ほどが集まった。神奈川県藤沢市に住んでいた同胞の70代の男性が死亡、遺体を土葬するために運んできたのだ。

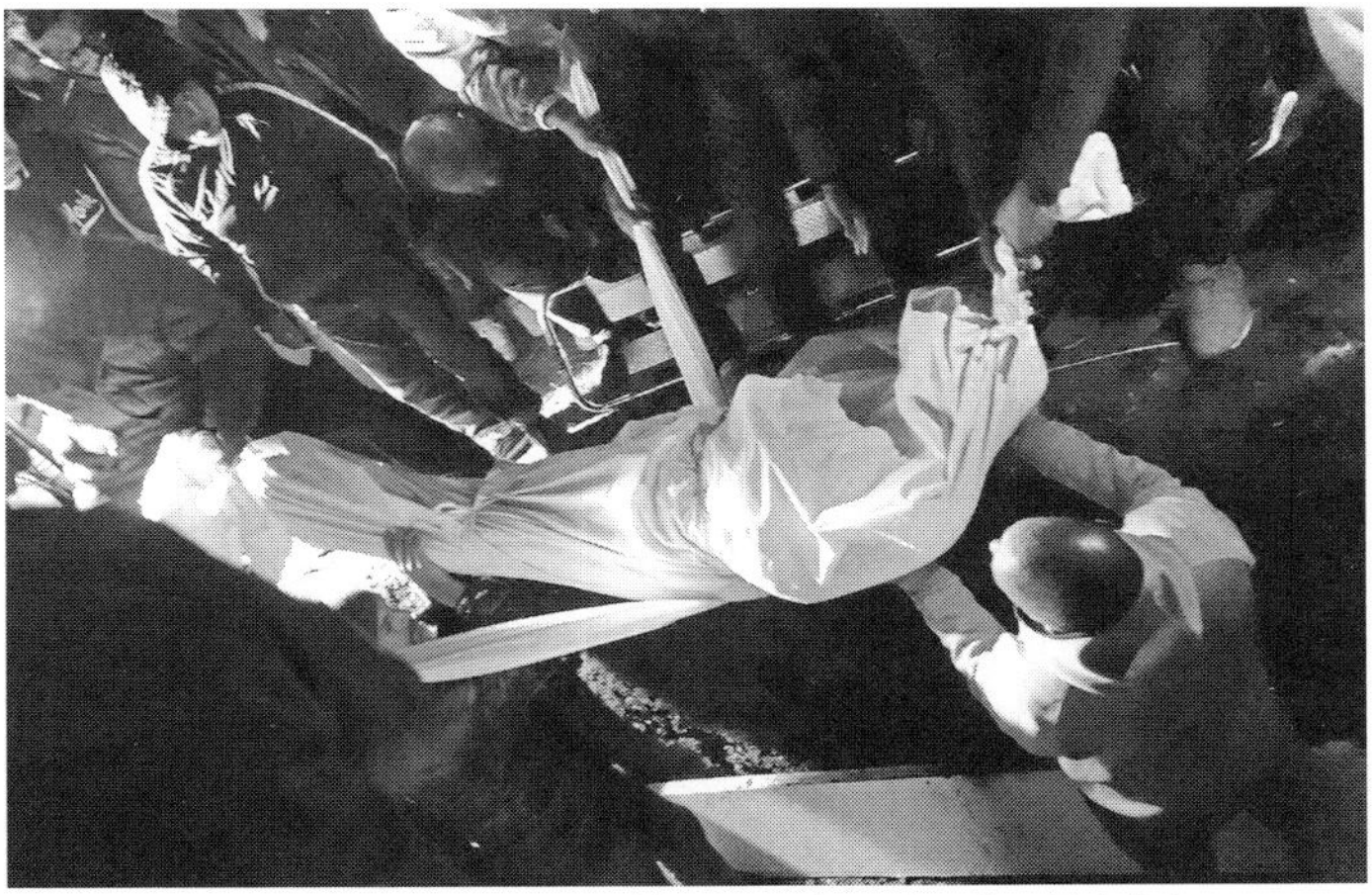
土葬されるスリランカ人男性＝2023年12月、埼玉県本庄市

イスラム教徒は、預言者ムハンマドが土葬されたことや、聖典コーランにそのような教えがあることから、死後は土葬を望む。ただ、火葬率が99・9％を超える国内に土葬可能な墓地は極めて少なく、この霊園が首都圏では唯一だ。

「われわれは土葬された後に来世が始まると信じている。父も満足していると思う」

男性の40代の長男は目を潤ませた。父親は故国では腕のよい仕立職人だった。高齢になり、親族の暮らす日本に身を寄せていたところ、心臓の病気で急死したという。

墓地に重機が入ってきた。運転手もイスラム教徒のボランティアで、深さ1・5メートルほどの長方形の穴が掘られた。遺体は棺には入れず白い布に包まれた状態でゆっくりと降ろされ、土がかけられる。導師と参列者の唱和の後、土まんじゅうの頭の辺りに、灰色のコンクリートブロックの墓石が立てられた。

「日本人の墓は、核家族化などで墓じまいが進み、ピーク時の4割に減った。入れ替わるようにイスラム教徒が増えた。日本人は墓参りにもあまり来ないが、彼らは熱心で、季節に関係なく夜中でも訪れる」と霊園管理会社の男性社長は言う。

霊園がイスラム教徒を受け入れ始めたのは19年。東京都内のモスクから頼まれ、西アフリカのガーナ人を埋葬したのが始まりだった。以来、口コミで広がり現在はパキスタン、バングラデシュなど15カ国、100体余りが眠っているという。

イスラム教徒が土葬できる墓地は全国でも10カ所程度しかなく、現在の埋葬者は約1千人とみられる。これまでは航空機で祖国に運んで土葬されることも多かった。

イスラム系の外国人は以前から国内に在留していたはずだが、今改めて「墓地不足」が注目されるのは、外国人労働者の増加に加え、彼らの中に経済的に航空機を利用できない層が拡大していることもあるとみられる。また、以前は年を重ねる前に帰国するケースが多かったが、最近では日本で生涯を終える人もいる。在留外国人の「高齢化」である。

早稲田大の店田《たなだ》廣文名誉教授（社会学）の推計によると、23年末時点で国内にいるイスラム教徒の外国人は29万人。３年間で11万人増加した。

店田教授は「お祈りもせず、酒も飲んで世俗化していても彼らは最期は土葬を望む。外国人労働者の増大で今後さらに増える可能性は高く、近いうちに墓地も足りなくなるだろう」と話している。

国保から墓場まで　トータルコストで移民は「安価」なのか

外国人労働者を定住させることは、文化も風習も異なる彼らを丸ごと受け入れることに他ならない。それは医療や教育、福祉、老後、さらには墓場まで、その人の人生にわが国が責任を持つことでもある。産業界は外国人労働者の受け入れに「安価な労働力」を期待するが、トータルコストを考えれば本当に「安価」と言えるのか。

２０１５年からシリアなどの難民や移民の受け入れを急拡大したドイツでは19年、生活保護受給者の40％を外国人が占め、彼らの住居、教育、医療などの費用として毎月40億ユーロ（当時約４８００億円）の公金支出があると公表した。

かつて「ゆりかごから墓場まで」の福祉国家と呼ばれたスウェーデンは人口1千万人の5人に1人の200万人が外国出身者とその子供となり、22年に社会福祉の対象となった16万世帯の57％が外国人世帯だった。

わが国でも、その兆候はある。外国人が人口の1割の2万1千人を占める東京都荒川区で2023年、国民健康保険の滞納状況を調べた結果、日本人世帯主の滞納率が14％に対し、外国人世帯主は30％と2倍以上の開きがあった。

国保は住民登録すれば外国人も加入義務があるが、保険料を支払わなくても病院では自己負担3割で最長2年間医療を受けられる。滞納分は日本人が大半を占める国保加入者が負担している。

荒川区の小坂英二・前区議は「国民皆保険でない国も多く、そもそも健康保険という概念が理解されていない。『病気でないのに、なぜ払うのか』という意識がある」。

区はネパールやミャンマーなど7カ国語のチラシ配布などで周知に努めるが、24年からは家族も帯同しやすくなる在留制度も本格化した。小坂区議は「子供や高齢者らが増える可能性もある。外国人と日本人で同一制度を維持しようという考え方は早急に見直すべきだ」。

イスラム教徒が眠る土葬墓地。土まんじゅうだけのものも目立つ＝埼玉県本庄市

埼玉県本庄市の墓地でイスラム教のスリランカ人男性の土葬が営まれた日、同じ敷地内で60代のペルー人男性の埋葬も行われた。宗教はキリスト教だが故人の遺志で土葬を選んだ。ただこれにイスラム教の遺族側からクレームがつき、ペルー人の墓は数十メートル離れた場所に急遽変更された。「異教徒と近い」というのが、その理由だった。

「他の墓地から排除されたイスラム教の人たちが気の毒で引き受けてきたが、今度は自分たちが排他的になっている。この墓地で宗教的な争いを起こしてほしくない」。管理会社の社長は、そう懸念した。

土葬墓地反対派が出馬した大分・日出町長選

イスラム系の土葬墓地をめぐっては地域住民との軋轢も生じている。大分県日出町《ひじ》では、九州で初となる計画に水質汚濁や風評被害を理由に反対運動が起きた。２０２４年８月の町長選では土葬墓地「容認」で3選を目指す現職町長に対し、「断固反対」を訴える新人が町議を辞して挑み、下馬評を覆して初当選を果たした。

この土葬墓地は、別府市にある立命館アジア太平洋大教授で、パキスタン出身のカーン・タヒル氏が代表を務める宗教法人「別府ムスリム教会」が計画する「別府ムスリム霊園」。テニスコート20面分にあたる町有地5千平方メートルを購入、深さ2メートルの土葬墓地79区画を建設する。計画は18年に浮上していた。

当初の計画地は名水で知られる湧き水の水源近くにあり、墓地の水が飲用水に流れ込む懸念があった。町は世界保健機関（ＷＨＯ）の報告書などを基に影響はないと説明したものの、住民の反対が強く、計画地を近くの町有地に変更させた。すでにキリスト教の土葬墓地がある修道院の隣接地だった。

23年5月、宗教法人と住民の間で合意が成立し、協定書を締結。九州各県の遺体を受け入れることや、区画が足りなくなった場合は埋葬から20年後に、遺体の上に重ねて土葬できることなどが条件になった。

近くに住む男性町議は「日本人は土葬とは縁遠くなり、正しい埋葬の仕方もよくわからない。将来的には何百体になるかわからず、町の行方が不安だ」。

一部住民には反対の声が根強いものの、町は「条例上は進めざるを得ない」として手続きを進めた。24年6月の町議会では、担当の住民生活課長が「町や近隣市などのイスラム教徒の墓地不足が解消され、宗教的平穏の中で土葬を行うことができる。多文化共生の一助になるとは考えている」と答弁していた。

町有地の正式な売却や墓地建設の許可申請など、手続きも終盤となった24年8月、人口2万7千人の町は4年に1度の町長選を迎えた。告示前から、現職と新人の一騎打ちとみられており、地元関係者によると現職の「信任投票」の色合い

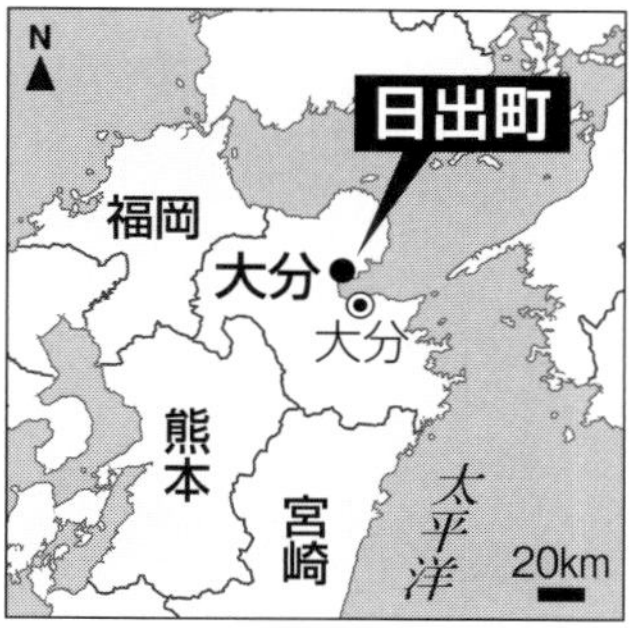

も強く、「イスラム墓地と関係のない地域の住民も多いため、争点になりにくいのではないか」。

別の関係者は「メディアの報道も少なく、企業誘致などを争点に挙げる人もいる。ただ、墓地問題に関心のある2割ほどの人はほとんどが反対ではないか」と話していた。

町長選は、8月20日告示され、現職の本田博文氏と新人で元町議の安部徹也氏が立候補した。本田氏は容認、安部氏は断固反対。国内に移住するイスラム教徒が年々増加する中、地元では大規模イスラム系土葬墓地について表立ってはほとんど争点にならなかった。地元メディアが争点としてほとんど触れなかったためだ。

多文化共生か将来リスクか　地元メディア争点は「高齢者福祉」

日出町長選で、新人の安部徹也氏は「現在の日本では土葬は公衆衛生上や土地の制約という問題がある」と主張。さらに、遺体を重ねて埋めることについて「墓標もなく、79区画が埋まれば上から上から埋め続ける。日本にはいまだかつてなかった土葬墓地だ」と指摘し、「将来的なリスクを考えれば建設すべきでない」と訴えた。

一方、現職の本田博文氏は「要件を満たせば許可せざるを得ない」との立場を最後まで崩さなかった。住民側が懸念していた水質汚染の問題についても、現地や国内の他の土葬墓地なども調査した上で「影響なし」との結論を繰り返した。

地元メディアは告示前、地元紙の大分合同新聞が「進む計画、思いさまざま」などと報じた程度だった。告示を伝える紙面は1面のほか中面で「候補者の横顔」を報じただけだった。地元テレビの大分放送は「現町政に対する評価に加え『企業誘致と雇用の創出』や『子育て世代の支援』などが争点」、テレビ大分は「現職の町政運営に対する評価のほか、子育て

支援や高齢者福祉などが主な争点」と、土葬墓地問題については触れなかった。

計画地近くに住む男性は「建設予定地は町はずれにあり、町民の多くも無関心だが、マスコミが報道しないせいでもあると思う。民意を示す機会なのに残念だ」。

ところが、選挙戦が進むにつれて風向きが変わった。24年8月25日に投開票された町長選は、投票率こそ54・66％で前回を1・04ポイント下回ったものの、安部氏8037票、本田氏4474票で、新人の安部氏が現職にダブルスコアに近い大差をつけて圧勝したのだ。

安部氏は1967年、日出町生まれ。太陽神戸三井銀行（当時）勤務後、経営コンサルタントを開業した。2018年、故郷へ戻って町議選に初当選し、2期目の途中で町長選に出馬した。

投開票から一夜明けた8月26日、産経新聞の取材に応じた安部氏は、遊説中に有権者から土葬墓地計画について何度も尋ねられたと明かした。地元メディアが土葬墓地問題をほとんど争点化せず、「外国人を差別している」ともとられかねないテーマでもあるため、住民の間にも墓地問題について発言しにくい雰囲気もあったという。

ただ、「メディアがなかなかこの問題について報道してくれなかったが、町民の声からは手応えを感じていた」。

土葬墓地建設の許可申請には、町有地の売却が前提となるが、安部氏は「今回のプロセスには法律や条例上の問題があると考えており、売却そのものにストップをかけたい。売却されなければ、許可も出ない。計画は止まる」と語った。

さらに、「前町長が独断で進めていこうとする中で、住民としてはなかなか表だって声を上げられないという側面もあったと思う。この選挙で民主主義を取り戻せた」と振り返り、こう続けた。

「選挙戦の最後にはネット上で『安部さんを当選させよう』という投稿が拡散され、大きな波となっていた。日出町、ひいては日本の将来のためにも、絶対に負けるわけにはいかなかった」

安部新町長は10月17日、就任後初めて宗教法人「別府ムスリム教会」を訪れ、公約通り、町有地を売却しない方針をカーン・タヒル代表へ正式に伝えた。同法人側は計画通り進めるよう求めている。

第6章

クルド人が川口を目指す本当の理由

川口クルド人は「出稼ぎ」と入管が20年前に断定

埼玉県川口市に集住するトルコの少数民族クルド人をめぐり、法務省入国管理局（現・出入国在留管理庁）が２００４年、難民認定申請者の多いトルコ南部の複数の村を現地調査し「出稼ぎ」と断定する報告書をまとめていたことがわかった。

この報道は24年11月25日付の産経新聞1面トップで報じられ、「国はこの20年間何をしていたのか」「川口の現状以上に衝撃的だ」などの読者の声が殺到した。

しかし記事には続きがあり、当時日本弁護士連合会が「人権侵害」と問題視したことから、調査結果は表に出なくなっていたのだ。これらの村などがある3県の出身者は現在も同国の難民申請者の8割を占めることも判明。報告書からは、クルド人の難民該当性について、すでに一定の結論が出ていたことがうかがわれた。

この文書は「トルコ出張調査報告書」で、A４判60ページほど。当時、クルド人らが難民認定を求めて各地で裁判を起こしており、同省が訴訟対応として04年6～7月、これら

産経新聞
11|25［月］
入管20年前調査 日弁連が問題視「封印」
川口クルド人「出稼ぎ」断定
出稼ぎ村の母「日本の息子誇り」
埼玉県川口市に在留するクルド人の出身地の村＝トルコ南部ガジアンテプ近郊
クルド人が川口を目指す本当の理由 1 「移民」と日本人
温暖化 途上国に年3000億ドル
COP29閉幕 資金3倍合意

「川口クルド人『出稼ぎ』断定」と１面トップで報じた2024年11月25日付「産経新聞」

の村へ入管職員を派遣し、生活実態などを調査した。

報告書は「わが国で難民申請した者の出身地が特定の集落に集中している」「いずれも出稼ぎ村であることが判明。村民から日本語で『また日本で働きたい。どうすればよいか』と相談あり。出稼ぎにより、近隣に比べて高級な住宅に居住する者あり」などと記されていたという。

ところが報告書が訴訟資料として法廷へ提出されると、クルド人側の弁護団が問題視。入管側が難民申請者の氏名をトルコ当局へ伝え、現地の家族を訪問していたことなどを記者会見して非難した。当時のメディアも「法務省が不手際」「迫害の恐れ」などと批判的に報じたが、報告書の内容自体には触れなかった。

報告書は、氏名を伝えたのは申請者から提出された本国の「逮捕状」の真偽を確かめるためで、トルコ側から「氏名がなければ照会できない。欧州各国も同じ方法で事実確認を求めている」と指摘されたためとしているという。

当時、法務省は「新たな迫害がないよう配慮して調査した」と反論したが、弁護団側はクルド人らの人権救済を日弁連に申し立てた。日弁連は翌05年、「難民申請者の情報を提供することは、新たな迫害を生む恐れがあり、重大な人権侵害だ」として当時の法相あてに「警告書」を出した。

この結果、法務省は報告書の調査内容について「封印」せざるを得なくなったという。

弁護団側は、入管の案内役に憲兵を同行させたことについても問題視したが、報告書には「村民と憲兵隊との友好関係を確認」「憲兵や警察は日本の難民申請者に無関心」などとも記されていたという。

これらの訴訟で原告となったクルド人らが難民と認められることはなかった。入管庁によると、トルコ国籍の難民申請者は04年からの20年間で延べ1万2287人にのぼるが、難民認定された人はほとんどいない。また川口市によると、市内のトルコ国籍者は同期間で約200人から6倍の約1200人に増えた。難民認定申請中の仮放免者を含めると約2千人にのぼる。

この報道をめぐっても一部の「クルド人擁護派」から、「入管の言うことがそのまま真実なのか」「20年前と今とでは状況が違う」「入管の調査方法に問題があった」などの声が上がることは当然予想された。そこで産経新聞は、トルコのクルド人が日本を目指す理由は何か、本当に「難民」なのか——を取材し、改めて報告書の内容を裏づけるため、彼らの故郷を訪ねた。

「軍と警察を呼んだ」出身地を訪ねた記者を恫喝

「いまオレが軍隊を呼んだ。軍も警察もお前を探している」

記者は日本からの携帯電話でそう脅された。入管当局が20年前に「出稼ぎ村」と断定していた複数の村の一つ、トルコ南部の都市ガジアンテプ郊外の村。電話の相手は川口市内で解体工事会社を実質経営する30代のクルド人男性だ。

男性は20年ほど前、この村を離れ、先に来日していた父親を頼って川口に在留。トルコ政府から迫害を受ける恐れがあるとして難民申請を繰り返し、5回目の申請中だった。現在は入管施設への収容を一時的に解かれた仮放免の状態が続いている。

男性には日本でも何度か取材したことがあり、出身の村の名前も聞いていた。今回、男性が憤っていたのは、記者が実際に彼の村を訪ねたからだとみられる。

2階のベランダと壁に男性らの名前が刻まれた家を偶然見つけ、村の人に話を聞いていると、男性の母親を名乗る女性が「チャイを飲んでいけ」と、家に招き入れてくれた。

ところが、母親がその場で川口にいる息子とビデオ通話を始め、記者の名刺を見せたところ、男性は激高した。あまりの剣幕《けんまく》に家の外に出ると、冒頭の電話がかかってきた。政府の迫害から日本に逃れたという「難民」が、トルコ軍や警察を動かすのだろうか。

直前まで母親は、日本にいる孫たちの写真入りのバスタオルを見せ、うれしそうに語っていた。

「日本で成功した息子を誇りに思う」

男性の故郷は日本で難民申請者が集中している村でもある。トラクターが行き交う典型

埼玉県川口市に在留するクルド人の出身地の村＝トルコ南部ガジアンテプ近郊

的な農村だが、ところどころに立派な家が建っており、トヨタの大型乗用車に乗った人もいた。男性の実家はひときわ目立つ2階建てで、がっしりした門扉を通り玄関から居間に入ると、50型ほどの大型液晶テレビがついていた。

最初に父親に名刺を渡すと、「オレ、この村から一番初めに日本へ行ったよ」と日本語で話した。父親は川口で解体業をしながら難民申請していたが認められず、10年ほど前に帰国したという。

道端で日本人の姿を見て集まってきた村人は、口々に「コンニチハ。オレ、カワグチにいたよ」「カイタイの仕事。ハッピーケバブも知ってるよ」と話しかけてきた。トラクターで通りかかった老人は、川口に近い東浦和の解体会社の「代表取締役」という名刺を見せ、「今は息子が日本にいる」と自慢げに話した。村の人によると、約70世帯300人の集落の住民の多くが日本に住んでおり、残っているのは90人程度。欧州は少ないという。

村人らは隠す様子もなく、こう証言した。

「なぜなら、日本はビザなしで簡単に行けるから」「働くために日本へ行っている。短期滞在で入国して、翌日からカイタイで働けるのだ」

「難民なんて全部ウソ」申請者の8割がトルコ南部3県に集中

トルコの総人口8500万人のうちクルド人は2割弱の1500万人。過去20年間で難民申請したトルコ国籍者1万2千人超の大半は、経済的に比較的貧しいクルド人とみられる。日本とトルコには短期滞在の査証（ビザ）の相互免除措置があり、航空券代さえ負担できれば、パスポートだけで来日し、難民申請することで滞在を継続できる。

入管関係者によると、2013年から23年までの11年間に難民申請したトルコ国籍者に

埼玉県川口市に在留するクルド人の出身地の村＝トルコ南部アドゥヤマン県

ついて、出身地がわかる約４７００人を対象に集計。全体の約８割がトルコ81県のうち、男性の故郷があるガジアンテプ県と、カフラマンマラシュ県、アドゥヤマン県の南部３県に集中していた。

３県は、いずれも民族的にクルド人の多い地域として知られるが、中でも特に難民申請者の多い村が４～５村ある。ガジアンテプ県の村と並んで、アドゥヤマン県の西部にある村もその一つだ。こちらも荒涼とした丘陵地帯に立派な「御殿」が立ち並んでいた。

クルド人の58歳の村長によると、村人約１１８０人のうち１割近くの１００人ほどが日本にいるという。

「みんな仕事の機会を求めて日本へ行った。単純に経済的な理由だ。一人が行くと、親族や知人が彼を頼って日本へ行く」

村は23年2月のトルコ地震の震源に近く、倒壊した家も多かった。十数人が犠牲になったといい、家を失って日本へ避難した人もいたが、最近は落ち着いてきたという。

クルド人「移民」の流れ

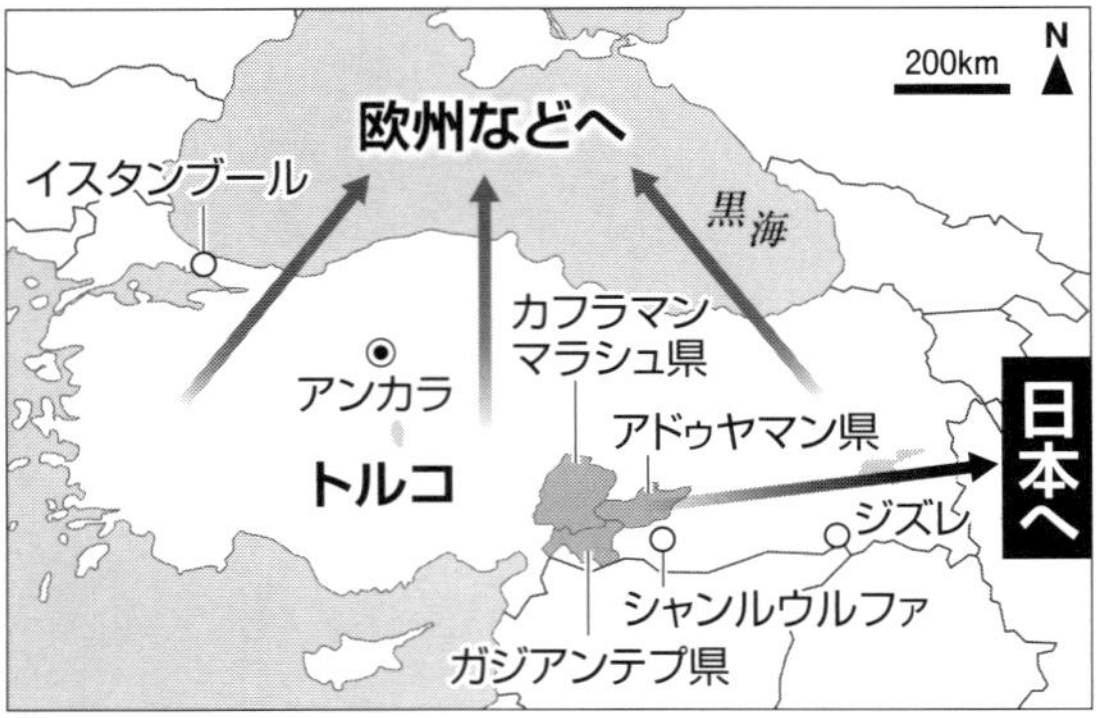

村の配管工で47歳のクルド人男性は自身も日本で13年間働き、しっかりとした日本語を話した。

「航空券代は10万円くらいだから、ちょっと働けば買え、日本でもっと稼げる。借金して行く人もいるが、すぐに稼いで返せる」。川口に在留しているクルド人に触れると、「われわれが難民だなんてウソ。みんな上手にウソをつく」と話し始めた。

「入管で『国へ帰ったら殺される』『刑務所へ入れられる』と言うでしょ？　全部ウソ。本当にウソ。みんな日本で仕事したいだけ。お金がたまったら、村へ帰る。私の国で迫害なんて絶対ない」

トルコの憲兵隊（治安警察）は怖くないか尋ねる

と、「なぜ怖い？　この辺りはクルド人が多く、憲兵にも警察にもクルド人が多い。なぜ同胞が同胞を迫害するんだ」。

男性は別れ際、「もう一度日本に行きたい。シャシミ（刺し身）が食べたい」と言った。

クルド人成功者　同胞は「努力せず不平言う」

川口市に集住するクルド人の難民認定申請者の半数程度は、学歴が中学卒業以下だという。トルコ国内の高校進学率はクルド人を含め9割以上で、背景には経済的な問題もあるとみられる。一方で、トルコでは22人きょうだいの中から猛勉強して成功したクルド人にも出会った。

クルド人が人口の約6割を占めるトルコ南部の都市シャンルウルファの私立学校を訪ねた。保育園、幼稚園から小中高校まであり、在学生は約７００人。２年前に開校したばかりでクルド人の生徒も少なくないという。

経営者のクルド人、42歳のネジメディン・ゲンチさんは地元出身。経済的に貧しい農家の22人兄弟の21番目で、苦学して公認会計士の国家試験に合格、現在は親族らと学校2校、建設会社、バス会社、コンサル会社、映画館を経営しているという。

「小学校まで5キロの道を歩いて通った。休日はヒツジの放牧を手伝った。私は決して勉強ができたほうではないが、これまでクルド人だからと差別されたことなどない」

クルド人地域は歴史的な経緯から複数の国に分割され、「国を持たない民族」ともいわれる。ただ、今回トルコで出会ったクルド人の多くは社会的な立場にかかわらず「トルコ人」として振る舞い、「クルド人」かと尋ねると「なぜ、そんなことを聞くのか」と怪訝《けげん》そうな顔をされることも多かった。一方で遺伝的な特徴などから「顔を見ればわかる」と話す人もいた。

ゲンチさんは「国家試験に合格したのも、頑張ったからだ。そもそも、自分がクルド人だからなど、これまで考えたこともない」。

彼はクルド系政党に投票しているというが、そのことで迫害も差別も受けたことはないという。日本で難民申請している川口のクルド人について尋ねると、「自分の努力不足を棚に上げて『クルド人だから』と不平不満を言っているだけではないか」。

校舎の壁には宇宙のイラストが描かれ、「世界の扉は君の前に開かれている」と書かれ

私立学校経営者のネジメディン・ゲンチさん（左）と、経営する幼稚園の園児ら＝トルコ南部シャンルウルファ

ていた。

トルコの教育制度は小中高がそれぞれ4年ずつあり、2012年から高校も義務教育になった。憲法に平等原則が明記され、民族的な出自による差別はない。公立の授業料は高校、大学まで無償で、競争は激しいが、教育機会の平等は保障されているといえる。

この結果、高校進学率は上昇し、22年度は91・7％。大学進学率は4割程度となったが、義務教育にもかかわらず高校に行っていない数％には農村部に住むクルド人も少なくないという。

現地の教育関係者は「農村地域はまだまだ子供を牧畜などで働かせている。親の世代は高校が義務教育ではなかったため、いまも教育に意義を見いだせない人も多いのではないか」。

トルコでは現在、クルド系の国政政党があるほか、国営放送にクルド語のチャンネルもある。クルド語の教育機関の設立も認められているが、公用語がトルコ語で、クルド語を学んでも仕事に生かせないため、あまり人気はないという。

公務員試験も憲法で「採用に当たり職業資格以外にいかなる差別も行ってはならない」と規定されている。受験の願書に民族欄もないため、公務員全体のクルド人の割合の統計もないという。

シャンルウルファでトルコ政府の出先機関に勤める40歳の国家公務員のクルド人男性は「小学校に入るまでトルコ語を話せなかった。勉強して話せるようになったが、12年前に公務員試験を受けたとき、試験は当然トルコ語で苦労した」と話し、こう続けた。

「外国の人からクルド人は迫害されているのかと聞かれることがあるが、私は迫害はないが差別はあると感じる。言葉の壁もあり、自分たちが少数民族と思い知らされるときもある」

入管関係者によると、日本の難民申請書には学歴欄があり、川口周辺に在留するクルド人の難民申請者の半数程度が中卒以下で、高校の義務教育化以降の世代でも教育を受けていないケースが少なくないという。

川口市内では若いクルド人が改造車を乗り回す暴走行為も問題になっている。トルコの教育関係者は指摘する。

「もちろん学歴がすべてではないが、農村からいきなり日本の都会に来て、教育レベルも高くなければ地元住民と軋轢が生じやすくなるのも当然だろう。それでも学歴不問の力仕事で簡単に稼ぐことができる日本は、本当に魅力的なのではないか」

農閑期に難民申請、農繁期に帰国　血縁集団の絆

クルド人の難民認定申請には、特定の周期があるという。毎年秋に来日と申請が急増し、そのうちの一定数は翌年夏までに申請を取り下げてトルコへ帰国する。背景には祖国での生業である牧畜などの農閑期、農繁期のサイクルがあるとみられる。

トルコ南部、アドゥヤマン県西部の草原地帯で、少年がヒツジの群れを追っていた。この地にかつて、ヒツジやヤギの放牧を生業とする約３００戸２千人の一族がいた。当

初は遊牧民だったが、その後数十キロ離れた2つの村へ移り住み、定住したという。日本での難民申請者が特に多い4~5村のうちの2村だ。これらの村があるトルコ南部3県の出身者が、難民申請者の8割を占める背景には、この一族の存在がある。

2村のうち1つの村を訪ねた際、出会った老人は「われわれはその一族の出身だ。2つの村の村民は元をたどれば、4つの家族にたどりつく」と話した。

こうした一族はトルコ社会で「アシレット」と呼ばれ、血縁関係と口伝えによる掟で結ばれている。トルコ人やアラブ人にもみられるが、特にクルド人は固い結束を誇るという。

現地のクルド人男性は「私たちは一族の結束が強い上、子だくさんなので親族が本当に多い。私もいとこが100人くらいいるので、結婚式は大変だった」。川口で話を聞いたクルド人男性も「血のつながりはものすごく大切。親戚がヨーロッパにもオーストラリアにもカナダにもいて、たとえば重い病気になったら、日本までお見舞いにくる」と語った。

一人が来日すると同じ村の家族や知人が先に来た人を頼って次々と来日する「移民の連鎖」が起きる要因として、こうした共通の祖先でつながる血縁集団の絆があるようだ。

ユーフラテス川を望む丘の上のトマト畑で働くクルド人の女性たち＝トルコ南部アドゥヤマン県

入管関係者によると、クルド人の難民申請者は毎年、冬を迎え農業や牧畜が農閑期となる10～11月ごろに急増。翌年、放牧の季節が始まる5～6月ごろ帰国者が増えるという。2023年の1年間のトルコ国籍の申請者約2400人のうち、3割に当たる700人近くは翌24年6月ごろまでにすでに帰国した。

入管関係者は「彼らは夏前になると『問題が解決した』と言って難民申請を取り下げ帰国していく。秋になると同じ人物が来日し、『また問題が起きた』といって難民申請する。かつての東北地方からの出稼ぎのように、農閑期に合わせた就労目的と考えられる」。

関係者によると、川口周辺では1990年代初めに来日した2村の一族を筆頭に、いくつかの一族が在留している。先に来日して解体業を始めた一族が、あとから来日したクルド人やトルコ人らを雇用するヒエラルキー（階層構造）も生まれているという。

アドゥヤマン県では、クルド独立主義者にも出会った。広大なユーフラテス川を望む丘の上で、農業を営む30代のクルド人男性は誇らしげに言った。

「これがメソポタミアだ。クルディスタン（クルドの地）だ」

クルディスタンとは、トルコ南東部だけでなくシリア、イラク、イランなどにまたがるクルド人の居住地域全体を指す。かつてはオスマン帝国だったが、１９２０年代、この地域で石油が採掘されたことから帝国主義の欧州列強が分割。クルド人は「国を持たない民族」となった。

特にトルコ政府は90年代ごろまで、「山岳トルコ人」と呼んでクルド民族の存在を否定、徹底した同化政策を進めた。男性一家も山の上にある小さな村の出身だが、同化政策により数十年前に山を下りた。

男性はクルド人の独立を夢見ており、青年時代に公園でクルドの歌を歌っていて警察に3日間拘束された経験を持つという。

川口周辺でクルド人の一部と地域住民の軋轢が表面化している問題も、インターネットを通じ知っているといい、「カワグチのクルド人は難民だ」と主張。「われわれがトルコで自由だと思うか」と真顔で尋ねた。

「クルド人にとって、クルドの地で暮らすのが最善だ。クルディスタンは石油も出る。日本よりも豊かだ。しかし、トルコでは生きづらいため日本で難民申請しているのだ」

男性は丘陵地帯を走る車の中でクルドの歌をかけながら、「ＰＫＫはわれわれをトルコ軍の兵士から守ってくれている」とも言った。

ＰＫＫ、クルド労働者党はトルコ国内のクルド人非合法武装組織。「クルド人国家の樹立」を掲げて長年テロを引き起こしてきた。

かつてトルコ政府によるＰＫＫ掃討作戦が行われた同国東部の都市へ向かった。

「迫害と弾圧」トルコ政府「問題は民族でなくテロ組織」

日本国内に在留するクルド人や支援者、一部メディアが「クルド人への弾圧は今も続いている」とする同国東部の都市ジズレを訪ねた。２０１５～16年、トルコ軍が非合法武装組織「クルド労働者党（ＰＫＫ）」への掃討作戦を行った街だ。当時は一般市民も巻き添えになったというが、現在は市民が買い物に出歩く平和な光景が広がっていた。

シリア、イラク両国境に近いジズレはチグリス川が流れ、人口13万人の多くをクルド人が占める。この都市を含む地域で15年夏以降、トルコからの分離独立を求めるＰＫＫと政府の対立が激化。トルコ軍や治安機関を狙った襲撃が相次いだ。

軍や治安部隊は同年末から16年にかけ、ＰＫＫ掃討作戦を実施。国連人権高等弁務官事務所（ＯＨＣＨＲ）の報告書によると、ＰＫＫの構成員だけでなく、多数の住民が巻き添えになって死亡したという。欧米メディアなどは当時、「トルコ政府によるクルド人弾圧」として報道した。

8年たった現在、ジズレは平穏を取り戻し、破壊された建物は政府が再建した。だが、日本のクルド人支援者や一部メディアは「弾圧はいまも続いている」として、川口などで難民認定申請するクルド人の「迫害」の根拠に挙げている。

ジズレを訪ねた日は休日で、中心部では買い物を楽しむ市民らが歩いていた。出会った住民の男性に当時のことを尋ねると、こう問い返された。

「いまも弾圧が続いているって？　そう言う人は、ここに来て自分の目で見てみればいい

かつてPKK掃討作戦が行われたクルド人の街ジズレ。現在は平和な風景が広がっていた＝トルコ東部

のではないか」

PKKは「クルド人国家の樹立」を掲げて1984年、トルコ政府に対する武装闘争を開始。90年以降、国内各地でテロを引き起こし、トルコ国内ではPKKとの戦闘でこの40年間に市民4万人が殺害されたとされる。

トルコ政府のほか米国、英国、欧州連合（EU）がテロ組織に指定し、日本の警察庁も国際テロリスト財産凍結法に基づき「国際テロリスト」に指定している。

一方で、トルコ国内のクルド人の人権をめぐる状況は、2003年に発足したエルドアン政権により様変わりしたといわれる。

同政権はクルド人との融和を掲げ、国営放送でクルド語の放送が始まり、クルド系政党はクルド語での政治活動が可能になるなど、クルド系住民の権利拡大に努めてきた。背景には、トルコの悲願であるEU加盟実現のため、国内の人権状況を改善する必要があったことがある。

12年からは政府とPKKとの和平交渉が始まり、翌13年、PKKは武装解除を宣言。だが、15年6月の総選挙でPKKと連携するクルド系の左派政党が躍進し、エルドアン政権の与党が過半数割れとなった。PKK内部の路線対立もあって、政府とPKKの対立が再燃した。

以降、首都アンカラなどではPKKによるテロが頻発、トルコ軍がイラク北部とシリア北部にあるPKKの関連拠点を空爆するなど、双方の応酬が続いている。

川口に在留するクルド人の間では、こうした対立状況を「クルド人への迫害」と主張し、難民申請の理由とする形になっている。一方で、トルコで兵役を拒否したことで迫害を受けると主張する人も少なくないという。

トルコは国民皆兵で、兵役は20歳から41歳までの男性に6〜12カ月、義務づけられている。身体障害などがないかぎり兵役拒否は認められず、罰金などが科せられる。

しかし、兵役逃れで罰せられるのはクルド人に限ったことではなく、23年10月に発行された英国内務省の難民に関する報告書もトルコの兵役義務が難民条約上、迫害には当たらないと指摘している。条約上の難民の定義は「人種」「宗教」「国籍」「特定の社会的集団の構成員であること」「政治的意見」の5つの理由から迫害を受ける恐れがある場合で、出稼ぎ目的の経済的理由も難民には該当しない。

川口市内のクルド人をめぐっては、トルコ政府が23年11月、2つのクルド人団体とその幹部らクルド人6人についてPKKを支援する「テロ組織支援者」と認定、同国内の資産を凍結した。認定は現在も続いている。

PKKとクルド人について、トルコ政府関係者は「PKKに対するわが国政府の措置が、時にクルド人への迫害だと誤解される場合があるが、われわれが問題視しているのは決してクルド人という民族ではない。問題なのは分離独立のためテロ活動を続けるPKKという組織だ」と話している。

トルコ人記者「クルド人だからでなく、いなか出身者だからだ」

川口市に集住するトルコの少数民族クルド人の故郷を訪ねた後、首都アンカラで著名なトルコ人ジャーナリストに会った。ムラット・イェトキン氏。川口のクルド人問題について「クルド人だからではない。いなかの出身者だからだ」と指摘。「ルールを守らないいなら警察が注意する。それでも聞かなければ罰金を科せばよい」などと語った。

イェトキン氏は、トルコの有力紙ヒュリエト英語版の編集長などを歴任し、現在は自身の名を冠したニュースサイトを運営。政治コラムニストとして現地のテレビでもおなじみのベテラン記者だ。

「カワグチで起きていることはトルコでも同じだ」

川口のクルド人らによる危険運転や大音量の音楽、ごみ出しなどの問題について尋ねると、こう話し始めた。

イェトキン氏は「日本のルールやマナーを守らないのは、彼らがトルコのいなかから、いきなり日本の大都市へ来たからだ。要するに、いなか出身者の行動だ」と指摘。「彼らがルールを守らないなら、警察が注意する。それでも聞かなければ、罰金を科せばよい」

クルド人の多くが日本で難民認定申請し在留を続ける現状については、こう説明した。

「彼らは難民ではない。実際のところは、よりよい生活を求めての移民だ。先に行った者が『稼げるから来い』と言う。『警察や憲兵に迫害されている』として難民申請すればよい。これは日本だけでなく、欧州も同じ問題を抱えている」

ムラット・イェトキン氏。背後はアンカラ市街＝トルコ・アンカラ

2003年からのエルドアン政権によって、トルコはめざましい経済成長を遂げ、クルド人も人権状況だけでなく、生活レベルも大幅に上がったという。イェトキン氏は「トルコでクルド人はトルコ人らと広く混血が進んでおり、最もクルド人の多い都市はクルド人居住地域の南東部にはなく、大都市のイスタンブールだ」と指摘し、PKKの名を挙げて続けた。

「一般のクルド人とトルコ人は決して争ったりしない。この40年間、争っているのはPKKであり、彼らは意図的に問題を大きくしようとしている。この対立の図式を利用して難民申請し利益を得ている人々がおり、カワグチのクルド人もその一部だ」

トルコ国内ではクルド系の国政政党があるほか、閣僚、国会議員、判事、幹部公務員などの要職に就いているクルド人も多数いる。1980～90年代に首相と大統領を務めたオザル氏もクルド系だったことで知られる。

そのうちの一人、メフメト・シムシェキ財務相はイェトキン氏も親しくしており、「私は彼をよく知っているが、本当に努力していまの地位にまでなった人だ」。

シムシェキ氏はトルコ南東部のクルド人の多い地方の村で、9人兄弟の末っ子に生まれた。苦学して欧米の投資銀行などでエコノミストとして働き、トルコ政界入りした立志伝中の人物だ。

自身がクルド人であることを公言しており、副首相時代の2016年、米国での記者会見で、イランのクルド人記者から英語でクルド人の将来について質問された際、「私はトルコのクルド人だ」とクルド語で答えて話題を呼んだ。

今回のトルコ取材で、クルド人の政治家や経済人に取材を申し込んだが、断られることが多かった。また、当初は喜んで取材に応じても、後日「私のことを記事に書かないでほしい」と連絡があったことも再三だった。

この過程そのものに、トルコでの「クルド人問題」の複雑さが表れているようだった。自身がクルド人だと表立って言えるのは、シムシェキ財務相のような完全な成功者か、反体制者に限られるのが、トルコの現状のようだった。

世界各国の民族問題の「本質」もそのあたりにあるのではないか。

元UNHCR駐日代表「差別はあっても迫害はない」

トルコは経済協力開発機構（OECD）加盟国で、欧州連合（EU）加盟は実現していないものの、日米欧の先進国に新興国を加えたG20の一員でもある。一方で、人口8500万人のうち17歳以下が占める割合は26％。中でもクルド人の出生率は比較的高いといわれ、少子化のトルコで人口が増え続けている。クルド人の多い南東部は子供の人口が4割を超える県もある。

そうした地域を訪ねた際、いなかにもかかわらず小学校低学年の子供たちが午後10時、11時まで公園で遊んでいる姿が目についた。大人がついていない場合もあった。子供の夜更かしはトルコで社会問題にもなっているという。

それは川口市で夜間、クルド人の子供たちが往来で遊んでいる光景と重なった。市内に集住するクルド人約2千人のうち、小中学生は推計約400人と突出して多く、「子だくさん」のクルド人の「移民性」は顕著となっている。

元国連難民高等弁務官事務所（UNHCR）駐日代表で、東洋英和女学院大の滝澤三郎名誉教授は2024年3月、トルコ国内でクルド人の現地調査を行い、政治社会学会の移民難民研究部会で報告した。

滝澤氏は法務省職員をへて、国連パレスチナ難民救済事業機関（UNRWA）職員としてヨルダンやレバノンに駐在。UNHCR本部の財務局長、同駐日代表としてアジア、アフリカの難民支援の現場を多く見てきた。世界の難民行政を最もよく知る日本人の一人でもある。

報告の中で注目されたのが、クルド人の欧米への密航を高額な手数料で手引きする違法なネットワークの存在だった。

午後10時まで団地の公園で遊ぶクルド人の子供たち。左手のすべり台でも遊んでいる＝トルコ南部アドゥヤマン県

報告によると、トルコの経済悪化に伴い、相対的に所得が低いクルド人の米国やカナダなど北米への密航が横行、北米の入国はビザが必要だが、１万５千ドル（当時のレートで２３０万円）ほどの手数料を支払うことで正規のビザなしで違法に入国できる仕組みが確認されたという。

一方で、日本とトルコには短期滞在ビザの相互免除措置があり、航空券も十数万円程度で入手できるため北米よりも割安な渡航先となっている。密航手数料もなく、相対的に渡航費用が安い日本は、一部のクルド人にとって格好の流入先となっている。

また、滝澤氏の現地調査でも、迫害を受けているクルド人は一部のＰＫＫ構成員などに限られていたといい、「政府を頼らず、ＮＧＯなどの情報源を駆使した調査の結果、クルド人に対する差別はないとは言えないが、クルド人というだけで身の危険を感じるような迫害を受ける状況ではない」と述べた。

滝澤氏はその上で、「彼らの多くが迫害を受けてではなく経済的理由で来日している以上、問題解決の方向性も、難民認定よりも合法的な就労の道を探ることに力を入れるほうが理にかなう」と指摘し、こう提言した。

「彼らにはいったん帰国してもらい、来日して就労を希望する人には他の国と同様、トルコと日本両政府が協議した上で、技能実習に代わる育成就労制度などにより合法的な入国、滞在の道を開いてはどうか」

◆駐日トルコ大使インタビュー

駐日トルコ大使のコルクット・ギュンゲン氏は「『移民』と日本人」取材班のインタビューに2回にわたって応じた。トルコ大使が一連のクルド人問題について詳細に語るのは初めてだった。川口市などに在留するトルコ国籍のクルド人に「経済的な理由が多いことは、われわれも認識を共有している」と述べ、彼らが「難民」でなく「就労目的」との見解を初めて示した。主な一問一答を掲載する。

川口の状況、治安上大いに懸念している

——川口市の状況をどう受け止めているか

「治安に関わる事件が起きたことを大いに懸念している。それがごくわずかの人数であっても、わが国民全体のイメージが形成されてしまう。大使館として日本の法令に逆らうような行為は容認しない。常に日本の警察当局と連携し、市や政府関係者、国会議員らとも話をしている」

——埼玉県警なども治安対策を進めている

「大使館としても協力できる部分があれば喜んで協力したいと、警察当局などへ伝えている。日本側もわれわれの立場や姿勢を承知してくれていると思う。川口、蕨両市にも、2

【コルクット・ギュンゲン】駐日トルコ大使。1968年、イスタンブール生まれ。89年トルコ外務省入省。欧州連合（ＥＵ）勤務、駐エクアドル大使などをへて、2021年３月から現職。

０２１年に大使として赴任後に訪問した。両自治体とも連絡を取り合って協力態勢にある。両自治体と接触する中で、常に協力の用意があると伝えている」

——大使は「クルド系はトルコであらゆる政治活動の自由を保障されている」と述べていたが、クルド人は政治難民ではないということか

「国民の大半はクルド人と縁戚関係にある。切り離せる存在ではない。クルド人を含めすべての国民に人権が保障されている。国会には選挙をへたクルド系議員がおり、現在はクルド語教育や報道、文化活動も可能だ。23年５月のトルコ大統領選などで、在外投票を東京の大使館で

行った際、在日クルド人たちも投票した。日本でもクルド人はトルコの政治的な権利を行使している」

難民申請悪用、決して後押しできない

――20年前に法務省入国管理局（現・出入国在留管理庁）がトルコで川口のクルド人の出身地の村を現地調査し、難民該当性は薄いとの報告書をまとめていた

「最初に確認しておきたいのは、トルコは世界で最も多くの難民を受け入れている国ということだ。特にシリア難民の中にはクルド人も多い。彼らが選んで来ているのは、トルコは暮らすに値する国であり、迫害はないという証しだ」

――難民該当性が低いことは産経新聞の現地取材でも裏づけられた

「その点は、まさにわれわれも共有しており、クルド人が経済的または社会的な理由で来日することはよくある。日本に長く滞在できるための一つの手段として難民認定申請が選ばれている」

――手段が問題なのか

「誤解してほしくないが、それぞれのクルド人が日本に住みたいと選択することを止める

ことはできない。問題は、彼らが日本の法令にのっとっていないことだ。違法な形で滞在し、難民認定制度を悪用して滞在を引き延ばしている。これこそが問題だ。トルコ共和国としてこの現実は決して後押しできるものではない」

――彼らは難民申請の際、「ＰＫＫを支持しているため、トルコ政府から迫害される」と主張すると聞く

「少し違うのは、難民申請者がＰＫＫに利用されているということだ。申請の際、『迫害を受けている』などと、トルコ政府に反する立場を言わなければならない。これ自体が結果的にＰＫＫの利益になる」

――どういうことか

「つまり、ＰＫＫはこのからくりによって、日本に滞在したいという彼らの弱みを利用しているのだ。ＰＫＫはこの手法を日本だけでなく一部の欧州諸国でも使っている。そもそも、われわれはクルド系だから問題視しているわけではない。ＰＫＫは分離独立を目指してテロ活動を行っており、１９９０年代から4万人のトルコ国民を犠牲にしてきた。つまり、彼らは分離主義であり、そのためにテロ行為を行ってきた。このような団体を容認できる国は日本を含め世界のどこにもないはずだ」

最も重要なのは日本の法令を守ること

——トルコ政府は23年11月、川口市内の「日本クルド文化協会」と代表者ら6人をPKKなどの「テロ組織支援者」と認定し、トルコ国内の資産を凍結した

「日本でもPKK関連団体が活動していることはずっと以前から知っていたし、日本の当局にも情報を伝えてきた。PKKは国際的なネットワークを持っており、あらゆる手段で組織への資金の流れを確保している。文化イベントを装った形もあるし、人道支援の姿もある。文化協会と同時に資産凍結されたもう一つの団体は、人道支援の看板の下で活動していた」

——両者は、どのような関係なのか

「幹部が同じだ。資産凍結は現在も続いており、われわれも注視している」

——現在、トルコと日本は短期滞在の査証（ビザ）を免除しているが、クルド人がビザを免除されパスポートだけで入国後、難民認定申請を繰り返すケースが相次いでいる。川口市でのクルド人の現状を踏まえ、ビザ免除をどう考えるか

「1890（明治23）年に和歌山県沖で日本人が多くのトルコ人を救ったエルトゥールル

号遭難事件以来、両国は130年以上の友好関係を築いている。ビザ免除は両国民の交流上、非常に重要だ。長期的な視点で利点と欠点を検討すべきで、私自身は免除措置を今後も維持すべきだと思う」

――日本国内にはトルコとのビザ免除を一時的に停止してはどうかという意見もある

「ビザ免除には、投資や観光など経済的なメリットはもちろん、互いを理解し合うという大きな意味がある。もし、ビザ免除を停止したら、日本とトルコの友好関係を引き裂くことになる。一番喜ぶのはPKKだろう。最も重要なことは日本の法令を順守することだ」

終わりに――移民に「」がついている訳

「世論」は少しずつ変わってきているのかもしれません。

本書で繰り返し述べて来たように、政治家もマスコミも、「移民問題」「外国人労働者問題」の負の部分について沈黙を貫いてきました。しかし、インターネットなどを通じて、この問題は広く拡散されるようになり、多くの日本人が強い関心を寄せるようになりました。

２０２４年10月の衆院議員選挙では、埼玉県川口市のある「埼玉２区」で候補者たちが競うように地元のクルド人問題を取り上げ始めました。大手マスコミの力ではなく、ＳＮＳなどで「地元国会議員が動いてくれない」という庶民の声が相次いだ結果だと思われます。「クルド人」の民族名を出しての訴えなど、国政選挙の演説としては初めて見る光景でした。

唐突感はやや否めなかったにせよ、聴衆からの拍手は大きく、自民前職は当選、維新前職も比例復活しました。演説では触れず、政策チラシに若干記していた立民新人と、一切触れなかった共産新人は落選しました。これは、触れたから当選というよりも、少なくとも埼玉2区においては、触れざるを得ないほど有権者の関心が高まってきたからとも言えるのではないでしょうか。

一方で、いまだ怠慢ではないかと思われるのがアカデミズムの世界です。有史以来、ほぼ単一民族、単一言語で暮らしてきた日本人社会が今、大きな転換期を迎えているのです。川口市のように軋轢が対立を生みかねない状況に陥っている都市もあります。

学問的にも重要な研究対象になりつつあるにもかかわらず、若い世代の社会学系の研究者らに目立った動きはありません。全員が「リベラル」なのでしょうか。関心を示している研究者にしても、結局はいつもの「かわいそうな難民」「共生の取り組み」などの主観的な枠から一歩も出ず、フィールドワークなど客観的な実態調査すら聞きません。今回の取材でも彼らの知識を借りることはほとんどありませんでした。

事実を認識し、今起きている問題から出発することはそれほど難しいことでしょうか。日本に在留する外国人すべてが「弱者」なのでしょうか。少なくとも「政治難民」「不法滞在者」「正規の外国人就労者」をきちんと区別して考えるべきで、情緒的な見方だけで彼ら全体をくくるのはもう終わりにすべきではないでしょうか。

本書のタイトル『国会議員に読ませたい「移民」と日本人』も、新聞掲載時の「『移民』と日本人」もそうですが、移民に「」がついています。これは日本には一応、法的に移民はいないことになっているからです。

ただ、「移民」と言わないだけで、「定住外国人労働者」はこれまでも積極的に受け入れているのです。この明らかな矛盾についても、物事の本質を見失わせている原因だと思います。いつか、なし崩し的に、「以前から日本に移民はいた」などと言い出す人が出てきても不思議ではありません。

産経新聞は1980年1月、北朝鮮による日本人拉致疑惑を初めて報じ、97年には横田めぐみさんの拉致事件もスクープしました。朝日新聞の「従軍慰安婦報道」の不自然さを早くから追及してきたのも産経でした。ただ、いずれも他のメディアは関心を示さず、拉致疑惑については「産経のデマ」という扱いすら受けました。

これだけインターネットが発達した時代になっても大手メディアは知らぬ存ぜぬを決め込み、当時と同じことを繰り返しています。

最後に、こうしたルポの書籍には取材にあたった記者の名前が並びますが、本書には載せません。記者が身の危険を感じるような電話がたびたびあったり、記者の顔写真が隠し撮りされ、実名とともにＳＮＳにアップされたりしているからです。相手は外国人であったり、支援者であったり、不明だったりしましたが、彼らが焦りを感じ始めているのは確かなようです。

「移民」と日本人取材班

装幀　神長文夫＋柏田幸子
ＤＴＰ　佐藤敦子
写真提供　産経新聞社

国会議員に読ませたい「移民」と日本人

令和7年1月11日　第1刷発行

著　　者　産経新聞取材班
発 行 者　赤堀正卓
発 行 所　株式会社産経新聞出版
〒100-8077 東京都千代田区大手町1-7-2 産経新聞社8階
電話　03-3242-9930　FAX　03-3243-0573
発　　売　日本工業新聞社
電話　03-3243-0571（書籍営業）
印刷・製本　株式会社シナノ

ISBN978-4-8191-1447-9　C0095

定価はカバーに表示してあります。
乱丁・落丁本はお取替えいたします。